Федеральное государственное бюджетное образовательное учреждение

высшего профессионального образования

РОССИЙСКАЯ АКАДЕМИЯ НАРОДНОГО ХОЗЯЙСТВА И ГОСУДАРСТВЕННОЙ СЛУЖБЫ ПРИ ПРЕЗИДЕНТЕ РОССИЙСКОЙ ФЕДЕРАЦИИ

I0200235

А.Ш.СУЛТАНОВ

РОЛЬ ИДЕОЛОГИИ В ФОРМИРОВАНИИ НОВОЙ ГОСУДАРСТВЕННОСТИ

Москва   Издательство РАНХГС

2014

Научное издание

Рецензент:

В.А.Михайлов - профессор, доктор исторических наук

Султанов А.Ш.

Роль идеологии в формировании новой государственности –
М.: Изд-во РАНХГС,2014год .- __с.

В современных условиях особое значение придается исследованию вопросов формирования и развития новой государственности.

В монографии на конкретном материале раскрывается роль идеологии в формировании новой государственности, анализируются вопросы идеологических основ и национальных интересов, роста национального самосознания новообразованных государств на постсоветском пространстве. Автор, исследуя становление и развитие новых государств, предпринимает попытку показать особенности построения гражданского общества, роли идеологии и национальной идеи в формировании новой государственности Республики Таджикистан.

Для политологов, специалистов в области государствоведения, а также для читателей, интересующихся вопросами формирования и развития новой государственности.

Предисловие

Исчезновение с политической карты мира Советского Союза и появление на Евразийском пространстве новых суверенных и независимых государств оказало огромное влияние на общую геополитическую структуру мира, создав огромное количество вопросов и проблем. К числу последних относится процесс формирования новой государственности на постсоветском пространстве.

Исследование этого процесса относится к разряду крайне сложных и, я бы сказал, рискованных для ученого сообщества направлений. Один тот факт, что молодой исследователь взял на себя смелость изучить и проанализировать означенную тему, заслуживает особое уважение.

Несомненной удачей автора настоящей монографии является комплексный подход к исследованию роли и значения идеологического фактора в процессе формирования новой государственности стран на постсоветском пространстве. Особую ценность представляет использованный им сравнительный анализ формирования их государственности в сопоставлении с идентичным процессом, происходившим в Таджикистане.

К числу положительных сторон предлагаемого читателю исследования относится объективный и взвешенный взгляд ее автора на рассматриваемые процессы. Не может не импонировать подход исследователя к истории государствообразования на постсоветском пространстве, не как к изолированному, обособленному явлению, а как естественному процессу, находящемуся в тесной взаимосвязи и взаимозависимости с социально-политическим и социально-экономическим развитием стран региона и мира.

Совершенно справедливо отмечается тот факт, что в настоящее время, когда особо возросло значение идеологии и стратегии работы в информационном поле при формировании новой государственности, проведении политических и экономических реформ, на первое место выступают вопросы идеологического воздействия через средства массовой информации и различные коммуникационные интернет - технологии.

Весьма ценным является мнение исследователя о том, что формирование самобытной долгосрочной идеологии, определение национальных интересов и новых стратегических задач, построение гражданского общества и становление новых политических элит представляются крайне важными задачами для развития новой государственности в странах региона, в том числе, в Республике Таджикистан.

Анализируя вопросы международных отношений, автор отмечает большой ресурс и приоритет развития сотрудничества в рамках региональных интеграционных организаций, в том числе экономического сотрудничества, в которых консолидирующим началом являются партнерские торгово-экономические отношения и взаимовыгодные совместные проекты. В этой связи, среди основных направлений внешней политики страны автор подчеркивает важность расширения отношений с международными организациями, формирования на этой основе партнёрских и союзнических отношений, способствующих улучшению международного взаимодействия.

Объективность и достоверность научных результатов проведенного исследования обеспечивается использованием солидной историографической базы, теоретических источников и документов.

Нам остается поздравить читателей и автора с выходом этого интересного и крайне актуального исследования и пожелать молодому ученому новых научных достижений и новых публикаций.

Действительный член Академии Педагогических и
Социальных Наук РФ, доктор исторических наук,
доктор педагогических наук, профессор,
Посол, Генеральный Секретарь Организации
Черноморского Экономического Сотрудничества
 г. Стамбул, Республика Турция

В.И. Цвиркун

Введение

Развал Советского Союза кардинально изменил судьбы всех населявших его народов. Бывшие советские республики, обретшие независимость, столкнулись не только со сложными задачами поиска новых моделей политического и социально-экономического развития, но и, прежде всего, с проблемой формирования новой государственной и гражданской идентичности с самобытной идеологией и национальной идеей. Следует отметить, что фактор идеологии выдвинулся на первый план построения новой государственности практически у всех народов, входивших ранее в состав Советского Союза.

Уместно отметить, что, «попав» в состав СССР, многие народы либо обрели, либо восстановили свою государственность. Образно говоря, в утробе СССР происходил восстановительно-формировочный процесс будущих государств. Исторически Советский Союз как бы подготовил народы к самостоятельному государственному бытию. Однако, оказавшись «независимыми» неожиданно для себя, многие народы столкнулись со сложными задачами формирования государственности в новых условиях, причем самостоятельно, под свою ответственность. Конечно же, новые условия диктовали новую идеологию. В то же время совместная жизнь народов в составе СССР не прошла бесследно.

В ситуации выбора оказался и Таджикистан, который, занимая особое геополитическое положение в Центральной Азии, на перекрестке мировых культур и религий, постоянно находится под мощным воздействием разных идеологических течений посредством СМИ и интернет-коммуникаций.

Сегодня молодая и политически активная часть населения большинства развивающихся стран полностью поглощена социальной медией. Для того чтобы оперативно мобилизовать массы, широко используются различные комбинации коммуникационных интернет-технологий: Twitter, помогающий координировать передвижения; Facebook, позволяющий планировать и группировать; Youtube, создающий возможность пропагандировать и транслировать массовые популистские акты.

Формирование самобытной долгосрочной национальной идеологии, определение национальных интересов и новых стратегических задач, построение гражданского общества и становление новых политических элит представляются крайне важными задачами для развития новой государственности Республики Таджикистан.

Проблема, связанная с изучением формирования новой государственности, стала предметом исследований с момента распада Советского Союза и появления новых самостоятельных государств на постсоветской основе.

На начальном этапе в проводимых исследованиях больший акцент делался на анализе происшедших изменений государственных устоев и политической системы, необходимости становления гражданского общества и реформирования правовой основы. Этим вопросам посвящен ряд работ ученых на примере исследований в постсоветских государствах. В то же время анализ показывает, что работ по исследованию формирования и развития государственности Республики Таджикистан крайне мало.

И если рассматривать их поэтапно, то к первой части исследований относятся работы, посвященные таджикской государственности, обретению независимости и становлению Республики Таджикистан, формированию внешней и внутренней политики, осуществлению социальных и экономических преобразований в переходный период.

В исследовании вопросов таджикской государственности и истории первого таджикского государства саманидов, изучении проблем образования и становления Республики Таджикистан важное место занимают научные работы под авторством Президента Республики Таджикистан Эмомали Рахмона. Среди них следует выделить книги: «Таджикская государственность: от саманидов до рубежа XXI века» (1999 г.), «Таджики в зеркале истории» (2002 г.), а также работу, посвященную достижению согласия и мира в межтаджикском конфликте «Долгий путь к миру» (1998 г.).

Большой вклад в исследование истории таджикского народа, изучение древней культуры таджиков внес известный ученый, многие годы возглавлявший Институт востоковедения Академии Наук СССР академик Бободжан Гафуров. В фундаментальном труде Б. Гафурова «Таджики» (1985 г.), многих других его работах всесторонне исследованы исторические особенности и характерные черты таджикской нации, широко представлены материалы ее богатой истории, культуры и всемирно известной литературы. Проблемы становления и развития Республики Таджикистан, формирование ее внешней и внутренней политики, опыт решения межтаджикского конфликта нашли широкое отражение в работах Т.Н. Назарова, Э.Р. Рахматуллаева, Е.В. Белова, Х.Зарифи, И.Д. Звягельской, А.И. Искандарова, Г.Р. Мирзоева, М.С. Муродовой, М. Олимова, М.А. Пешкова, З.Ш. Саидова, Д.А. Уруновой, А.А. Хвалебнова. Исследованию социальных и экономических преобразований в переходной период, особенностей реформирования экономики Таджикистана посвящены работы Г.С. Абдусамадова, А.И. Асламова, К.Х. Зоидова, Н.К. Каюмова, Р.М. Мирбобоева, М. Нурмахмадова, С.Д. Комилова, Р.К. Рахимова, В.А. Розыкова.

В настоящее время авторы, занимающиеся исследованиями по Центральной Азии, все больше внимания уделяют методологиям западноевропейской школы мысли относительно проблем нации, этноса, идентичности и, конечно же, формирования новой государственности. Этот процесс дал хороший импульс для сравнительного анализа различных методологий советского, постсоветского и международных теоретических школ в отношении исследования понятия, сущности и функции новой государственности. В данном контексте многие исследователи по Центральной Азии начали адаптировать и тестировать эти методологии к условиям своего социального, политического и культурного контекста. Следует выделить исследования Института стран Центральной Азии и Кавказа, в частности фундаментальное исследование Эрики Марат, посвященное теме формирования государственности Республики Таджикистан под названием «Национальные идеологии и формирование государственности Республики Таджикистан и Киргизстан» (2008 г.). Особого внимания заслуживает научный труд профессора Экзеторского университета Джона Хитершоу «Трансформация Таджикистана», изданный в 2012 году. Следует также отметить научную новизну докторской диссертации Вигмана Гунда «Социально-политические перемены в Таджикистане» (2009 г.), работы Филиппо Даниели, Макико Широта, Фредерико Спеннети, Тунчера Килавуза, Шахрама Акбарзаде, Абульхассана Ширази.

При подготовке данной монографии автор использовал большой массив источников, публикаций ведущих политологов и журналистов в сфере идеологии, политической культуры. Значительная часть источников состоит из официальных документов, указов и законодательных актов. Идеологические основы новой государственности закладывались и были неоднократно озвучены в выступлениях Президента Республики Таджикистан.

В работе использован широкий спектр литературы на разных языках: 1) работы, посвященные истории государственности, образованию и становлению новых государств на постсоветском пространстве; 2) работы, аналитические материалы, статистические сборники и исследования, проведенные в рамках Исполнительного аппарата Содружества Независимых Государств; 3) работы зарубежных авторов, посвященные проблемам истории, образования и становления новых государств, основным направлениям внешней политики, вопросам экономики, культуры и образования, анализу внутриполитической жизни, деятельности партий и движений, взаимоотношениям с религией.

В монографии также нашли отражение выступления автора на Международных научно-практических конференциях, в том числе на Конференции «Проблемы безопасности государств Среднего Востока в условиях мирового кризиса», организованной Посольством РФ в Республике Таджикистан совместно с Российско-Таджикским Славянским университетом (Душанбе,

2009г.), Конференции «Многовекторность во внешней политике центральноазиатских государств», организованной Центром Стратегических исследований (ЦСИ) при Президенте РТ (Душанбе, 2009 г.), а также материалы курса лекций, прочитанных автором в Российско-Таджикском Славянском университете (РТСУ).

Глава I. Роль идеологии в процессе формирования государственности на примере исторического пути Республики Таджикистан

1.1. Рост этносознания на постсоветском пространстве. Вопрос самобытности нации в условиях формирования нового государства

«Каждый раз, когда мы сталкиваемся с необходимостью выбора национальной идеи, мы ее ищем, долго вымучиваем, вырабатываем. Потом оказывается, что под нее надо писать стратегию, а когда стратегия готова, то обнаруживается, что человеческий материал, который есть в нашем распоряжении, не является инструментом для этой стратегии»[1].

Неслучайно первой темой данной главы был выбран именно этот вопрос, так как перед тем как преступить к изучению нового, формирующегося мировоззрения, необходимо изложить основы и раскрыть авторское видение фундаментальных терминов.

После распада Советского Союза на карте мира появились новые государства, которые, получив независимость, столкнулись с ситуацией, в которой было необходимо за короткий период сформулировать национальную идеологию, оправдывающую легитимность власти и существование суверенного национального государства. Академические круги и СМИ принимали незначительное участие в формировании новых идеологий; как и в былые времена, идеология определялась без участия гражданского общества, путем издания книг, государственной пропаганды, а также посредствам учреждения празднований и установки новых символов. Тема празднований и объявления года, посвященного определенной годовщине или определенному

---

[1] Виноградов М. Стенограмма международного экспертного семинара на тему «Национальная идея и проблемы национального государственного строительства на постсоветском пространстве» Семинар проводился Информационно-аналитическим центром (ИАЦ) Московского Государственного университета (МГУ) по изучению общественно-политических процессов на постсоветском пространстве.

идеологическому проекту, имеет особое значение в процессе формирования идеологии новых независимых государств. К примеру, отсчет начала активной идеологической программы в Республике Казахстан ведется с 1997 года, с момента представления Президентом Республики Казахстан Н. Назарбаевым программы «Казахстан 2030». В Республике Таджикистан отсчет ведется с 1999 года и празднования 1100-летия государства Саманидов. Во многом идеология государства и круг его национальных интересов озвучивается в ежегодном послании Президента, а также в концепции внешней политики государства. В то же время в данном контексте следует отметить неоднозначную позицию государственной власти Российской Федерации к празднованию в 2013 году 400-летия династии Романовых.

Опыт центральноазиатских республик особенно интересен, так как каждому из них досталось, в целом, сложное наследие. До территориального размежевания в Средней Азии 20-х годов прошлого века, ни одно из этих государств не существовало в сегодняшнем наименовании и в современных границах. Национальная идентичность была развита слабо, территориальное размежевание оставило за собой сложный узел противоречий, разрешение которых стало актуальным с момента получения независимости и появления национальных идеологий и, как следствие, зарождения национализма. Кроме того, республики региона экономически и институционально не были готовы к независимости. Республика Таджикистан была в менее завидном положении, чем соседние молодые государства. Экономика страны большей частью субсидировалась Москвой; с точки зрения национальной безопасности это была единственная республика, ничего не унаследовавшая от Советской Армии[1]. Более того, изолированное положение Республики Таджикистан, отсутствие выхода к морю и слабая транспортная инфраструктура создавали сложности для функционирования нового государства в мировой экономике.

---

[1] Рахмон Э.Ш., Выступление Эмомали Рахмона по случаю годовщины образования ВС РТ// информационное агентство «Ховар», 2013. URL: http://www.khovar.tj/rus/president/36050-vystuplenie-erahmona-po-sluchayu-20-y-godovschiny-obrazovaniya-vs-rt.html (дата обращения: 30.03.2013)

Смута, возникшая в результате крушения коммунистических идеалов и отсутствия единой идеологической основы соответствующего масштаба и легитимности, способной заполнить возникший вакуум, привели к разжиганию межрегионального конфликта и, как следствие, потере целого десятилетия в новой истории Республики Таджикистан.

После распада СССР на карте мира появился ряд новых государств, претендующих на свою этническую самобытность. Однако большинство из них обрело государственность без осознанного движения к независимости, а в результате раздела сфер влияния между великими державами. Данная ситуация сделала новые государства уязвимыми с точки зрения их национальной безопасности, стабильности и идеологической защищенности. Кроме того, идеологический вакуум, появившийся после распада СССР, на протяжении всей, пока еще непродолжительной истории новых независимых государств усиленно заполнялся и заполняется самыми различными идеями и течениями. Пока каждое государство находилось в поисках аргументации своего былого величия и исключительности, а также объявляло борьбу различным религиозным течениям и другим внешним врагам, мало кто уделял должное внимание разработке долгосрочной государственной идеологии или национальной идеи. Действующая власть в большей степени формировала политические проекты в качестве защитных инструментов, используя идеологию для сохранения легитимности собственного режима.

Развал Советского Союза и образование новых независимых государств (ННГ) на постсоветском пространстве кардинально изменили мировую геополитическую ситуацию.[1] Бывшие советские республики, получившие независимость и понесшие значительный урон в связи с развалом внутрисоюзных хозяйственных связей, столкнулись с необходимостью пересмотра устоявшихся приоритетов и поиска моделей политического и экономического развития. Кроме

---

[1] Барсенков А., Интеграция на постсоветском пространстве. Опыт и проблемы//Россия и соотечественники: сетевой журнал, 2012 URL:
http://www.russkie.org/index.php?module=fullitem&id=28075 (дата обращения: 02.04.2013)

того, ННГ столкнулись с необходимостью формирования полноценной самостоятельной модели управления и основы для мобилизации масс в направлении реализации предстоящих целей и задач. Следовательно, появилась необходимость определения исторической идентичности, внешнеполитических приоритетов и стратегических задач. Тем самым постсоветские политические элиты попытались сформировать легитимную и стабильную модель управления собственной идеологией и национальной идеей.

Образовавшийся вакуум политической власти привлек к Таджикистану внимание ряда государств, для которых постсоветское пространство исторически являлось сферой влияния и интересов. В частности, ключевыми партнерами Республики Таджикистан, помимо России, являются Иран, Турция и Китай.

Сегодня Республика Таджикистан как демократическое и светское государство, ведя активную внешнюю политику, занимает определенное место в мировом сообществе. Таджикистан официально признан 147 странами и имеет дипломатические отношения с 128 государствами мира.[1]

Во всех новых независимых государствах наблюдается недостаток политического опыта и зрелости, что отражается в структуре управления, которая в свою очередь формирует внешнеполитический курс. Это вызвано отсутствием опыта построения независимой светской системы управления в указанных государствах. Особенностью структуры управления большинства этих стран является прямая зависимость системы управления от личности лидера, а не наоборот, когда деятельность лидера зависит от стабильной системы с долгосрочными приоритетами. Главный недостаток данной системы управления – крайняя уязвимость в отношении различных проявлений радикализма, а также проявлений местничества, регионализма ввиду отсутствия единой стабильной идеологии долгосрочного развития государства. Нестабильность и уязвимость такой политики выявляет острую необходимость в единой идеологии, которая

---

[1] Шукуров А.Р., Открытие нового здания МИД// Ховар: национальное информационное агентство, 2013. URL:http://khovar.tj/rus/foreign-policy/36239-e-rahmon-prinyal-uchastie-v-otkrytii-novogo-zdaniya-mid.html (дата обращения: 28.03.2013)

часто подменяется идеологией национализма.

Для определения роли идеологии и национальной идеи в формировании нового государства предлагается рассмотреть и сопоставить исторический опыт формирования двух государств – Турецкой Республики и Союза Советских Социалистических Республик. Оба государства строились на развалинах империй в один и тот же исторический период. Оба государства формировались на базе концептуально сформированной идеологии и национальной идеи. Идеология, выдвинутая Ататюрком и получившая наименование кемализма, поныне считается официальной идеологией Турецкой Республики. А 70 лет опыта строительства коммунизма отложились в генетической памяти населения всего постсоветского пространства. Отличия в мировоззрениях Ленина и Ататюрка, различия ленинизма и кемализма имеют свое практическое доказательство в сложившейся исторической судьбе обоих государств. Однако важным отличием идеологий двух вождей является тот факт, что Ленин ставил в основу право на самоопределение каждого народа, населяющего его страну.[1] Тогда как Ататюрк, в основу своей идеологии предлагал турецкий национализм в границах Турции, но именно чисто турецкий, отличный от османского пантюркизма или исламского панисламизма, что нашло свое отражение и во внешнеполитической концепции Турецкой Республики.[2]

Так, американский политолог и социолог Збигнев Бжезинский в своей статье «Посткоммунистический синдром» отметил: «Хотя коммунизм объявил себя интернационалистской доктриной, на деле он усилил в народе националистические чувства. Он породил политическую культуру, насыщенную нетерпимостью, самоуверенным самодовольством, неприятием социального компромисса и сильной склонностью к самовосхваляющему упрощенчеству».[3]

Кемализм включал в себя шесть пунктов, впоследствии закрепленных в

---

[1] Гумпель В., На стыке Европы и Азии: посредническая роль Турции как региональной власти// Мегп.., - Бонн, Москва, 1998, №1

[2] Гумпель В., На стыке Европы и Азии: посредническая роль Турции как региональной власти// Мегп.., - Бонн, Москва, 1998, №1

[3] Brzezinski Z. Post-Communist Nationalism.// Foreign Affairs. V.68. № 5. Winter, 1989/90. P.2.

Конституции Турецкой Республики 1937 года: 1. *республиканизм*. 2. *национализм*. 3. *народность*. 4. *лаицизм* (светский характер государства и отделение государства от ислама). 5. *этатизм* (ведущая роль государства, прежде всего в экономике). 6. *революционность* (под ней понималось, прежде всего, вестернизаторство и борьба с пережитками традиционного общества). Национализму отводилось почетное место, он рассматривался как база режима. С национализмом был связан принцип «народности», провозглашавший единство турецкого общества и межклассовую солидарность внутри его.

Кемаль Ататюрк, говоря о разных периодах развития государства, напоминал об «экономическом веке» и о приоритете роли экономики страны во всех случаях ее побед и поражений: «Если мы изучим турецкую историю, то нам станет ясно, что причины возвышения и упадка нашей страны сводятся, в конечном счете, к экономическим причинам. Все успехи и победы, а также все поражения, несчастья и беды связаны с нашим экономическим положением в ту эпоху, когда они происходили. Поднимая Новую Турцию до подобающего ей уровня, мы обязаны при всех условиях придавать первостепенное значение нашей экономике, ибо наше время – это в полном смысле слова эпоха экономики»[1]. В то же время следует отметить огромную роль наследия Ататюрка в формировании современной идеологии Турецкой республики и турецкого народа по всему миру.

Уроженец города Солоники, Мустафа Кемаль был харизматичным лидером, прагматиком, человеком практического склада и четко ориентированного ума – это тот набор качеств, который и по сей день является залогом успеха большинства руководителей. Ататюрк редко покидал свою страну, всегда оставаясь – в прямом и переносном смысле – «на родной почве». В то же время, благодаря карт-бланшу от народа, ему удалось с блеском использовать достижения как капитализма, так и социализма, сочетая, к примеру, кооперативное движение с жестким государственным регулированием, а рыночные механизмы – с государственным протекционизмом. То, что казалось

---

[1] Кемаль Ататюрк. Избранные речи и выступления. М., 1966; Кемаль Ататюрк. О советско-турецких отношениях в 1919-1938 годах// Международная жизнь. 1963. №11.

ему нужным и полезным для страны «здесь и сейчас», без лишних размышлений и идеологической рефлексии заимствовалось им из опыта других стран и иных политических систем.[1]

Кардинальные реформы проводились в условиях неограниченной власти и нередкого сопротивления народа, однако привели к значительным результатам и достижениям, на которых основывается государственная идеология и по сей день, если не учитывать некоторый отход от основ лаицизма за последние годы и фактическую узурпацию власти исламистами. В рамках общемирового идеологического подъема и роста исламской идеологии «Партия справедливости и возрождения» находится у власти в Турции более десяти лет.

Из вышеприведенных примеров хорошо видна ключевая роль идеологии и национальной идеи в формировании и дальнейшей судьбе нового государства. Поэтому эта тема и стала предметом исследования в условиях новых независимых государств постсоветского пространства, находящихся на базе формирования и закрепления идеологических основ. Вероятно, было бы правомерным анализировать результаты реализованных идеологий спустя десятки лет существования данных государств. На период завершения данной монографии новые независимые государства постсоветского пространства прошли путь более 20-лет независимости. Следует отметить, что на данном рубеже исторического развития, можно проследить определенную закономерность в государствообразующих идеологиях постсоветских государств. В монографии в качестве изучаемой модели формирования национальной идеологии выбрана Республика Таджикистан – страна, пережившая гражданскую войну и имевшую сложную экономическую и политическую ситуацию на момент зарождения и формирования государственной идеологии. Разрешение столь тяжелого плацдарма проблем на историческом пути данной страны является ярким и поучительным примером и может иметь научно-практическое применение.

Существует своеобразная закономерность, выявленная автором

---

[1] Лежиков А. Отец народа// Родина. 1998. №5-6. стр. 146-147.

исследования в качестве предполагаемой теории. По мнению автора, чем сложнее ситуация в стране, тем острее народ чувствует необходимость в идеологии и тем легче она реализуется и находит свое применение, тем легче и крепче народ сплачивается и сливается воедино со своим государством. Другой вопрос – насколько легко проходит период формирования государственности, период трансформации и установления «правил игры». В период правления Кемаля Ататюрка для многих проводимые реформы представлялись безумными и деспотичными, однако, взирая на результаты правления Ататюрка сквозь призму истории, нельзя не отметить его ключевую роль в истории современной Турецкой Республики.

На постсоветском пространстве произошел стремительный рост национального самосознания. Каковы причины глобального явления этнического возрождения? В ряде (а может быть, и в большинстве) случаев – это стремление устранить исторические, социально-политические несправедливости, накопившиеся за долгие годы существования колониальных империй и неоколониалистской политики в отношении многих народов, дискриминации иммигрантских, расовых и этнорелигиозных групп населения многонациональных государств.[1]

Другая причина заключается в реакции этнокультурных общностей на некоторые объективные процессы, связанные с научно-техническим прогрессом, урбанизацией, распространением нивелирующих тенденций массовой культуры и быта.[2]

Этническая специфика, культурное своеобразие, перейдя из сферы материальной (жилище, одежда, хозяйственная деятельность) в сферу духовную, стали все чаще служить своего рода охранительной реакцией на отчуждение и дегуманизирующее воздействие некоторых сторон современной цивилизации.[3]

Культурные и любые социальные общности, их мобилизация и осознание

---

[1] Панарин А., Стратегическая нестабильность в XXI веке, М., 2003, стр. 34-35
[2] Панарин А., Указ соч., стр. 35-37
[3] Панарин А., Указ соч., стр. 40-43

ими своей самобытности есть не что-то изначально заданное, а возникающее в процессе исторических перемен и потрясений. В то же время нельзя отрицать естественное стремление любой личности к самоидентификации и ассоциации своего имени с определенными символами. К примеру, если проанализировать аудиторию крупнейшей в мире социальной сети Facebook (Фейсбук), включающей в себя более миллиарда пользователей, самая главная и популярная функция данной социальной сети Like (Лайк) – способ выражения эмоции к определенному символу и мобилизация вокруг него.

Со стороны государства и политических сил в союзе с наукой требуется постоянный анализ этой меняющейся ситуации, включая выявление факторов, которые вызывают «всплеск» мобилизации или, наоборот, «охлаждают» процесс мобилизации.

На момент распада Советского Союза у вновь образованных государств постсоветского пространства, в частности у Таджикистана, как известно, отсутствовал какой-либо опыт проведения независимого внешнеполитического курса, который основывался бы на принципе построения сбалансированных равноудаленных отношений. Данная ситуация была вызвана неспособностью полноценно использовать полученную независимость в построении самостоятельного внешнеполитического курса. В результате большинство государств, включая Республику Таджикистан, стали интуитивно стремиться к поиску новых внешних метрополий, в том числе и основываясь на принципах этноконфессиональной либо историко-культурной общности.

До XIX века народность определялась по языковой принадлежности. Так, арийцами считались все носители индоарийских языков.

В то же время, согласно Авесте, Михр-яшт, 13-14 включает в Аирьошаяну (обиталище ариев) шесть стран: Ишкату и Поуруту (в горах Гиндукуша), Моуру и Харою (Мерв и Герат), Гава-Сугду и Хваиризем (Согдиана и Хорезм). Видевдад I перечисляет 16 «наилучших стран», начиная с Аирьяна Ваэджо, не именуя их прямо «арийскими». В них включаются и некоторые области Западной Индии. С другой стороны, в Авесте уже встречается перечисление пяти «народов»: ариев (airya-) – самоназвание создателей Авесты – и противопоставленных им туирьев (tūirya-), саиримов (sairima-), саини (sāini-) и дахов (dåŋha-), при этом последние четыре также относятся к ираноязычным (то есть арийским) народам. Из этого авестийского концепта в дальнейшем выросло противопоставление Ирана (то есть земли ариев) и Турана.[1]

Кроме того, в последнее время набирает популярность гипотеза, основанная на генетических исследованиях ДНК и гаплогруппах, определенных паттернах (наборах ДНК), встречающихся у некоторых этнических групп, участвовавших в великом переселении народов. Современные генетические исследования ДНК в сочетании с курганной теорией выдвигают гипотезу общего начала народов группы индоевропейских языков в единой гаплогруппе R1a.[2] Сегодня за небольшую плату каждый может заказать исследование собственного ДНК и попытаться понять историю своего происхождения. Причем, с развитием технологий и с расширением доступа к ним, в ближайшем будущем будет возможно более подробно определить и генетически обосновать историческое происхождение каждого народа.

Согласно исследованиям американских генетиков Питера Андерхилла и Шейлы Мирабаль из Департамента молекулярной и человеческой генетики Международного университета в Майами (Флорида) в 2009 г., гаплогруппа R1a1 или R1a1a является основной группой, уходящей корнями к Авестийской Аирьошаяне. Имеется два главных субклада – R1a1a и R1a1a7. R1a1a7 с маркером M458 – европейский маркер, и его эпицентр – Польша. В Европе представлены субклады R1a1a и R1a1a7 (M458), в Южной Азии – R1a1a*, R1a1a5 (PK5) и R1a1a6 (M434). Доля R1a1a7 в Европе – до 70% гаплогруппы R1a1, и ее носители – более 30% населения в основных регионах Восточной Европы.

---

[1] Малышева Д., Указ соч. стр. 56-57
[2] Олексенко П., Индия-колыбель человечества или перевалочный пункт в развитии цивилизации?// Земля до потопа - исчезнувшие цивилизации. 2011. URL: http://www.dopotopa.com/p_oleksenlo_india_-_kolybel_chelovechestva_continuation.html (дата обращения: 23.02.2013)

По оценкам авторов, возраст восточноевропейского субклада R1a1a7 составляет 10 700 лет, а общий возраст R1a1a* в Европе – 11 300 лет. Общий возраст R1a1a в Западной Индии – 15 800 лет. В связи с этим авторы высказывают предположение о южноазиатском происхождении данной гаплогруппы.[1]

Андерхилл также утверждает, что никаких древних миграций из Восточной Европы в Индию не было, поскольку в Индии отсутствует восточноевропейский субклад R1a1a7. По его мнению, речь может идти лишь о древней миграции R1a1a из Азии в Европу, а субклад R1a1a7 возник в Восточной Европе уже после периода появления ариев в Индии.

Работы этих исследователей являются самыми свежими и всеобъемлющими. Они ставят под сомнение исход носителей R1a1 из Восточной Европы, о котором пишут другие исследователи.

На сегодня, несмотря на слабую степень разработанности в связи со сложностью и дороговизной, исследования, основанные на результатах анализа ДНК нескольких сотен респондентов в каждой из этнических групп, выявили высокие показатели гаплогруппы R1a1a[2] как самой распространенной (более 65%) на территории Республики Таджикистан. Кроме того, данная гаплогруппа широко распространена (более 50%) в Западной Индии, Пакистане, Польше, Венгрии, Украине, Белоруссии и в некоторых регионах России.[3] В Иране, который принято считать родственным таджикам по языку и культуре, данная группа встречается у 12,66%, а в Турции у 6,88%.

---

[2] R. Spencer Wells et al. The Eurasian Heartland: A continental perspective on Y-chromosome diversity (2001)// URL: http://www.ncbi.nlm.nih.gov/pmc/articles/PMC56946/ (дата обращения: 21.03.2013)

[3] Underhill et al. Separating the post-Glacial coancestry of European and Asian Y chromosomes within haplogroup R1a // European Journal of Human Genetics (2010) 18, p. 479–484

URL: http://www.nature.com/ejhg/journal/v18/n4/abs/ejhg2009194a.html (дата обращения: 21.03.2013)

1.2. Самобытность нации в условиях глобализации как вопрос национальной безопасности государства

Со второй половины 1980-х гг., под воздействием демократических преобразований, начавшихся в СССР, произошла деконсервация многочисленных накопившихся проблем, большая часть которых имла этнополитичсскую основу. Прежде всего это проявлялось в пробуждении и быстром росте этнической и национальной идентичности. В итоге имели место известные развития конфликтов – карабахско-азербайджанского, а потом и армяно-азербайджанского, а также грузино-абхазского и грузино-южноосетинского. В Европе этот процесс проявился в разрушении государства Югославия и кровавых войнах на ее территории, в России – в виде русско-чеченской войны и т.д.[1]

Эти конфликты, как правило, сопровождались этнической чисткой в широкомасштабной форме. К примеру, во время армяно-азербайджанского противостояния из Азербайджана были депортированы 360 тыс. армян, а из Армении – 200 тыс. азербайджанцев.[2] Затем это явление имело повторение в других регионах: Абхазию вынужденно покинула большая часть грузин, до сегодняшнего дня продолжается насильственное формирование моноэтнических территорий в разных частях бывшей Югославии. Начавшийся было процесс этнической чистки в Молдове был остановлен лишь путем российского вооруженного вмешательства. А в Кыргызстане, Узбекистане, Азербайджане, Грузии этническая чистка приобрела «ползучую» форму.[3]

Без оценки роли исторической памяти невозможно понять процесс этнической мобилизации, т.е. мобилизацию этноса вокруг определенных политических задач. Историческая память становится той основой, вокруг которой можно сплотить силы нации и направить их на разрешение определённых задач. Более того, в этнополитических конфликтах историческая память

---

[1] Юрий Селезкин, «СССР как коммунальная квартира», Slavic Review 53.1994. стр. 414-452.

[2] Ноурузи Н., Встреча Ирана и Турции в Средней Азии и на Кавказе. // Россия и мусульманский мир, 2001, №1 (103), стр.76 – 77

[3] Ноурузи Н.,Указ. соч., стр. 79-82

способствует не только этнической мобилизации, но и может послужить моральным обоснованием для применения насилия по отношению к противоположной стороне.

Историческая общность может быть инструментом подчинения. Случаи, когда политическая верхушка старается искусственным образом формировать или трансформировать историческую память общества, довольно многочисленны. В частности, в годы существования СССР вмешательство политической верхушки в конструирование исторической памяти носило распространенный и безапелляционный характер, что наложило свой отпечаток на процессы, имевшие место как в советских, так и в постсоветских республиках.

Можно также рассмотреть пример США – огромной страны с мощнейшей идеологической машиной перемалывающей культуры всех стран мира в новую наднациональную культуру потребления и гедонизма. Мигранты из разных стран с относительной легкостью становятся американцами, так как данная наднациональная самоидентификация достаточно открыта и проста в понимании, однако и этот пример не убедителен, поскольку далеко не все американцы забыли о своем происхождении, даже те, кто не говорит на языке своих предков. Так, Генри Киссинджеру принадлежит знаменитая фраза: «Мы думали, что в американском котле сварился суп или компот, а оказалось, что мы приготовили винегрет!»[1]

В истории очень часто встречались случаи, когда наложение друг на друга религиозной и этнической самоидентификации ставило перед сложным выбором как отдельных индивидов, так и общественные объединения и целые государства: какую из данных духовно-культурных и ментальных установок следует укреплять преимущественно. К примеру, в Османской империи, а затем и в Турецкой Республике взаимодействия между пантюркизмом и панисламизмом всегда были в той или иной степени сложными и напряженными. Данная модель также применима к историческому вопросу «выбора» между «славянской» и

---

[1] Terriff T., Croft S., James L., Morgan P. Security Studies Today. Cambridge: Polity Press, 1999. Chapter 1. P. 10-28.

«православной» ориентациями в балканской политике Российской империи. В последнее время, несмотря на демократичность и открытость после падения Берлинской стены, на постсоветском пространстве мы являемся свидетелями роста традиционализма в обществе, роста этнического и религиозного сознания масс, в контексте глобализации и наднациональной самоидентификации свободно передвигающихся масс.

Этническая и религиозная идентификация могут находиться в одной взаимозаменяющейся плоскости или являться различными слоями одной матрешки? Так, к примеру, в Боснии при упоминании о сербах, хорватах, как правило, говорят и о мусульманах, но в Косово, говоря об албанцах, не подчеркивают, что они тоже мусульмане. В Ливане мы находим шиитов, суннитов, маронитов, друзов и среди остальных – армян. Как и упоминалось выше, мобилизация масс происходит в условиях кризиса системы, «всплеска» или конфликта.

Отождествление себя с той или иной общностью любого уровня в кризисной ситуации подчиняется инстинкту культурного самосохранения и порой ставка делается на более влиятельный и эффективный фактор мобилизации масс, следовательно, в данных случаях этническая и религиозная идентичность находятся в одной взаимозаменяемой плоскости.[1]

В то же время следует привести пример сдерживающего фактора религии в отношении роста национализма. Концепция превосходства одной национальности над другой идет в разрез с большинством ведущих религий мира, за исключением иудаизма, имеющего уникальное положение в сочетании этнической и религиозной идентичности ввиду своей закрытости и кровно-наследственной формы связи поколений.

Национальная безопасность – это совокупность официально принятых взглядов на цели и государственную стратегию в области обеспечения безопасности личности, общества и государства от внешних и внутренних угроз

---

[1] Новикова Л.Г, Овсянников А. А., Ротман Д. Г., Стереотипы исторического самосознания (по материалам межрегионального исследования)// Социологические исследования, № 5, 1989;

политического, экономического, социального, военного, техногенного, экологического, информационного и иного характера с учетом имеющихся ресурсов и возможностей.[1] Отражая важнейшие направления и принципы государственной политики, она является основой для разработки конкретных программ и организационных документов в области обеспечения безопасности. Основными принципами являются: соблюдение конституции при осуществлении деятельности по обеспечению национальной безопасности; единство, взаимосвязь и сбалансированность всех видов безопасности, изменение их приоритетности в зависимости от ситуации; приоритетность политических, экономических, информационных мер обеспечения национальной безопасности; реальность (с учетом имеющихся ресурсов, средств) выдвигаемых задач.[2]

Термин «национальная безопасность» зародился в Соединенных Штатах Америки, где получил определенное содержание. После Второй мировой войны США приобрели статус мировой державы с национальными интересами, выходящими далеко за ее территориальные и культурные границы. Национальные интересы США и по сей день охватывают весь мир. В этом мы все убедились на примерах Югославии, Афганистана, Ирака, Южной Осетии, Египта, Ливии и Сирии. После Второй мировой войны в США была выработана концепция национальной безопасности, затем на ее базе разработали доктрину госбезопасности, которая определяет основное направление для всех действий США и по сей день. В США кроме указанной доктрины приняли закон о национальной безопасности, который обязывает все государственные структуры вести строго определенную политику.[3] Также была введена государственная должность – специальный помощник президента по национальной безопасности. Г. Киссинджер, З. Бжезинский, прошедшие через этот пост как главные советники президента США по вопросам национальной безопасности, в свое время

---

[1] Манилов В.Л. Безопасность в эпоху партнерства. М., ТЕРРА, 1999. Глава 1. С. 12-29
[2] Ayoob M. The Third World Security Predicament: State Making, regional Conflict, and the International System. London: Lynne Rienner Publishers, 1995. Chapter 1. P. 1-20.
[3] Братерский М.В. Политика США в Средней Азии: итоги десятилетия//США -Канада. М. 2002. №9

разработали доктрину, которая в условиях биполярного мира была подчинена военно-политическому противостоянию с Советским Союзом.[1]

После падения Берлинской стены и распада Советского Союза США пытаются сохранить за собой роль мирового регулятора и мировой державы уже в условиях многополярного мира. В информационный век сложно переоценить роль информации и информационной политики для сохранения национальной безопасности государства. Наряду с успехами США в направлении развития технологий в работе с информацией, в их числе массовое распространение по миру социальных медиа Facebook, Twitter, Google и Youtube, а также более миллиарда пользователей смартфонов. Технологические инновации позволяют США сохранить роль лидера, в то же время технологии и прозрачные границы интернет-коммуникации делают уязвимыми инструменты пропаганды и усрашения. К примеру, сильно ослабили позиции скандалы с утечкой секретной информации о военной операции и дипломатической переписки из Государственного Департамента. А также недавний скандал с утечкой информации о прослушивании и слежке за огромным количеством людей, поступившей от Сноудена, создали сложную ситуацию для США, так как складывается впечатление, что они потеряли контроль над системой, которую создали. Поражение США в информационной войне, возникшей вокруг военного удара по Сирии, – яркий пример и свидетельство роста роли альтернативных сил влияния в глобальном мире идеологической борьбы.

Детальный анализ материалов, посвященных концепции национальной безопасности США, приводит к выводу о том, что данная доктрина сравнима с приоритетами и политикой любой мультинациональной корпорации в сфере бизнеса: как и в любом бизнесе, при принятии решения преобладают прагматизм и коммерческая выгода. Основные четыре элемента доктрины: территория государства, население, материально-техническое богатство, а также образ жизни, т.е. самобытность цивилизации.

---

[1] Buzan B., De Wilde J., Waever O. Security: A New Framework for Analysis. Lynne Rienner Publishers, 1997. Introduction. P. 15-17

За все время своего существования Соединенные Штаты не потеряли ни одного квадратного сантиметра. Этого же принципа придерживаются все государства – отстаивать свою национальную территорию, как главный принцип суверенности и независимости государства.[1]

Территория Республики Таджикистан на момент получения независимости 9 сентября 1991 года составляла 143 тысячи 100 квадратных километров, что более чем в три раза превышает по размерам территорию таких государств, как Нидерланды, Австрия или Швейцария. В 2010 году, по результатам визита правительственной делегации в Пекин, был подписан протокол между правительствами Республики Таджикистан и Китайской Народной Республики по демаркации государственной границы. Затем, 6 июня 2012 года было подписано соглашение о режиме границы, согласно которому Таджикистан расстался с 1100 квадратными километрами на приграничной территории в пользу КНР. Факт подписания данного соглашения имел широкий общественный резонанс и негативные последствия, так как в СМИ данное сообщение комментировалось как «соглашение о продаже земли».

Одним из главных активов каждого государства является население страны, человеческий капитал, способный генерировать экономический, гуманитарный и научно-технический прогресс. Население Республики Таджикистан по состоянию на начало 2014 года превышает 8 миллионов и растет самыми большими темпами на постсоветском пространстве (2,4%), в среднем прибавляя 1 миллион каждые 5 лет. На одну женщину приходится 3,5 ребенка. Средняя продолжительность жизни составляет 67,54 лет. Половина населения страны младше 25 лет, большая часть трудоспособного населения страны работает на сезонных заработках вне страны. Три миллиона человек в Республике Таджикистан живут за чертой бедности. ВВП в 2013 году составило около 8,5 миллиардов долларов. Согласно данным Всемирного Банка, Таджикистан занимает первое место в мире по соотношению денежных переводов мигрантов к

---

[1] Buzan B., De Wilde J., Waever O., P. 17-20

ВВП страны (48%).

Еще одним столпом национальной безопасности страны является материально-техническое богатство государства. На момент распада Советского Союза на территории Республики Таджикистан находилось более 700 промышленных предприятий различных отраслей, самым крупным предприятием остается алюминиевый завод, крупнейший производитель алюминия в Центральной Азии, составляющий треть ВВП страны. В 1989 году завод производил 460 тысяч тонн алюминия в год. По результатам первого полугодия 2013 года завод произвел 117 тысяч тонн алюминия в связи с падением мировых цен на алюминий и снижением мощностей. Алюминий является основной статьей экспорта из Республики Таджикистан. Таджикский алюминиевый завод («Талко») является главным потребителем электроэнергии (39%) в стране. Вокруг основного предприятия страны и главного материально-технического богатства не прекращаются конфликты и судебные разбирательства в течение всей новой истории Республики Таджикистан. В 2004 году произошла смена руководства и неофициальная смена частных акционеров завода. Судебное разбирательство в 2008 году о хищениях в «Талко» широко обсуждалось в СМИ и оказалось самым дорогим судебным разбирательством в истории британской правовой системы заработавшей почти 90 миллионов фунтов.[1] Новое руководство «Талко» пыталось отсудить 500 миллионов долларов, присвоенных в период с 1996 по 2004 год у предыдущего владельца. В итоге удалось в качестве частного урегулирования сойтись на сумме покрывшей расходы на юридические издержки. В 2010 году был официально опубликован аудит «Талко», а также его интерпретация на сайте информационного агентства «Авеста»,[2] в результате которого были выявлены завышенные административные расходы до 25% от общих расходов компании, а

---

[1] Дементьев С. Самая бедная страна ведет самое дорогое судебное разбирательство// Новостной портал Newsland, 2008, [Электронный ресурс] URL: http://newsland.com/news/detail/id/314736/ (Дата обращения 8.11.2008)

[2] Химо Б. Аудит «Талко». Итоги. Плюсы и минусы//Информ агентство «Авесто», 2010, [Электронный ресурс] URL: http://www.avesta.tj/main/6094-audit-talko-itogi-plyusy-i-minusy.html (Дата обращения 18.10.2010)

также раскрыта схема вывода прибыли в оффшорную компанию в размере 200-300 миллионов долларов в год, действующая с 2005 года. В то же время оффшорная компания Talco Management выступает в роли спонсора ряда имиджевых проектов государства. К примеру, за счет ее средств был построен на сумму 3,3 млн долларов США самый высокий флагшток в мире, на три метра выше, чем в Баку, попавший в книгу рекордов Гиннеса и представляющий определенную идеологическую ценность. Кроме того, на сумму более 300 миллионов долларов был построен комплекс Дворца Наций – новая резиденция президента страны, возвышающаяся в центре столицы. Другой мировой рекорд был побит со строительством самой большой чайханы в мире на сумму в 60 миллионов долларов США.[1] Кроме того, компания помогает финансированием в проведении массовых празднований и оплатила видеоролик о Таджикистане на телеканале Euronews. Другими словами, ввиду достаточно ограниченного государственного бюджета страны, главным спонсором внебюджетной идеологической работы со стороны правительства является оффшорная компания Talco Management.

В 2011 году на сайте Wikileaks были опубликованы отчеты о работе, подготовленные Чрезвычайным и Полномочным Послом Соединенных Штатов Америки в Республике Таджикистан Трейси Джейкобсон, также получившие интерпретацию на русском языке в газете «Бизнес и политика». В своем отчете г-жа Джейкобсон указывает на значительную роль алюминиевого завода для экономики Республики Таджикистан, а также на то, что «Таджикское правительство владеет 70% этой компании, а остальная доля, вероятно, принадлежит каким-то богатым людям из Таджикистана». Ниже приведен перевод личного комментария г-жи Джейкобсон, отражающий текущую ситуацию с данным предприятием: «Алюминиевый завод производит большое впечатление, но, как и многие активы в стране, он является источником личных доходов ограниченного количества лиц. Частичная или полная приватизация

[1] Tajikistan: Dushanbe Sparing no Expense for Independence Party // Портал Eurasianet, 2011 [Электронный ресурс] URL:http://www.eurasianet.org/node/64115 (Дата обращения: 1.09.2011)

компании стала бы основой для новых инвестиций, повышения эффективности производства и укрепила бы финансовую базу страны. Вклад "Талко" в развитие страны невелик, и большая часть его доходов исчезает в ходе внебюджетных мероприятий. Народ Таджикистана субсидирует "Талко", живя при этом без надлежащегоздравоохранения, образования и электроснабжения. Сотни миллионов, если не миллиарды долларов исчезли из компании с 1992 года, а "Талко" по сей день получает огромные субсидии в виде дешевой электроэнергии».[1]

В то же время следует отметить, что аналогичная схема, как гарантия финансовой безопасности правящего режима, свойственна большинству государств на постсоветском пространстве. К примеру, согласно данным госдепартамента США, опубликованным на сайте Wikileaks.org, а затем в Британском издании «Телеграф», в РФ есть свой эквивалент финансового инструмента власти в виде оффшорной компании «Gunvor», крупнейшего энергетического трейдера в мире, через который продается почти вся нефть из России.[2]

Таджикистан еще не вышел на уровень промышленного производства образца 1991 года – меняющиеся условия мирового рынка и изменившаяся роль восточного соседа Республики Таджикистан влияют на дальнейшее развитие страны и процесс восстановления ее промышленности. Приоритетами нынешней власти являются реализация транспортно-коммуникационного и энергетического потенциала страны путем строительства дорог и ГЭС. В то же время следует отметить, что неизменно растет уровень добычи угля, нефти и газа.

Четвертая и последняя колонна, несущая национальную безопасность,

[1] Wikileakes: Кому принадлежит 30% доли Talco Management? // Сайт газеты «Бизнес и Политика» (Республика Таджикистан), 2011, [Электронный ресурс] URL:http://gazeta-bip.net/economy/3261-wikileakes-komu-prinadlezhit-30-doli-talco-management (Дата обращения 02.06.2011)

[2] A.Bloxham, WikiLeaks: Putin's 'secret billions' // Газета «Телеграф»(Великобритания), 2010 [Электронный ресурс] URL:http://www.telegraph.co.uk/news/worldnews/wikileaks/8175406/WikiLeaks-Putins-secret-billions.html (Дата обращения 2.12.2010)

согласно определениям из доктрины государственной безопасности США, это образ жизни народа, самобытность народа, его культурное наследие.[1] Следует отметить, что данное направление национальной безопасности имеет определенную корреляцию с темой исследования. Ведь фактор идеологии в формировании и развитии новой государственности Республики Таджикистан играет очень важную роль и является неотъемлемой частью концепции национальной безопасности государства. За период независимости Республики Таджикистан, после завершения гражданской войны, с 1998 года был проделан большой пласт работы в направлении развития историографии и памятников на тему самобытности и культурного наследия таджикского народа. К примеру, в числе фактических результатов помимо переименования улиц и городов, можно назвать издание большого количества литературы, открытие двух новых музеев в г. Душанбе, а также возведение новых памятников национальному герою Исмаилу Самани и основоположнику персидской литературы А.Рудаки.

В целом, согласно общепринятой понятийной терминологии, концепция национальной безопасности определяет систему взглядов на обеспечение безопасности личности, общества и государства от внешних и внутренних угроз во всех сферах жизнедеятельности. Так, в документе, подписанном Ильхамом Алиевым, в качестве стратегического выбора избрана интеграция Азербайджана в евроатлантическое пространство. Под этим в первую очередь подразумевается приведение армии и обороны в соответствие со стандартами НАТО, а также тесное сотрудничество с альянсом в вопросах энергетической безопасности. Расчет на Запад строится и в деле сохранения территориальной целостности. Бакинские аналитики связывают этот тезис с тем, что иная, пророссийская геополитическая ориентация связывалась с надеждами урегулирования конфликта с Арменией, конечно, в пользу Азербайджана. Теперь делается ставка на Запад, относя Россию к разряду так называемого «разновекторного партнерства». Если Баку – партнер Вашингтона и Брюсселя, то автоматически, следуя логике

---

[1] Buzan B., De Wilde J., Waever O., P. 17-20

азербайджанской концепции национальной безопасности, он – враг Тегерана.[1]

Также необходимо отметить, что значительное число высших военных кадров центральноазиатских тюркских стран проходит обучение по линии культурно-образовательного сотрудничества в Турецкой Республике. Обучение проводится по стандартам НАТО.

Сегодня мы становимся свидетелями возрождения «блоковой политики», политики столкновения политических блоков, больше характерной периоду «холодной войны». Как ни странно, по разные стороны баррикад оказались когда-то братские народы, имеющие общую историю, значительную общность. Россия и Украина, Молдова и Румыния, Азербайджан и Иран, Таджикистан и Узбекистан. Отличительной чертой всех перечисленных комплексов двухсторонних отношений является значительная близость этих государств на базе общей истории, культуры и религии ввиду географического соседства. Однако во всех перечисленных комплексах отношений наблюдается большая напряженность, порой переходящая в крайние формы, приобретающая и очертания блокового противостояния. Геополитика и принципы национальной безопасности данных государств предопределяют значительную проблемную базу в двухсторонних отношениях. Поскольку уровень близости и общности этих государств начинает угрожать национальной безопасности. И дальнейшее сближение, как в примере с Молдовой, может привести к необратимым последствиям. Поэтому Узбекистан, где проживает до 10 млн таджикского населения[2], так принципиально не хочет идти на сближение и на облегчение визового режима с Республикой Таджикистан, границы между двумя государствами – членами ряда региональных организаций сотрудничества в области безопасности – заминированы. Российско-украинские отношения также переменно переживают кризисные ситуации, инсценируемые украинской стороной, где проживает до 9 млн. русских, и 65% населения говорит только на русском языке, неофициально провозглашена борьба за всеобщую

---

[1] Имранов А., КНБ Республики Азербайджан//Российские вести- федеральный ежедневник. 2007. URL:http://baku.rosvesty.ru/news/103 (дата обращения: 23.12.2012)

[2] D. Carlson, "Uzbekistan: Ethnic Composition and Discriminations", Harvard University, August 2003

«украинофикацию», рассматривается возможность вступления Украины в НАТО.

Интеграционные процессы на постсоветском пространстве привели к формированию новых структур, играющих роль противовеса гегемонии НАТО. В апреле 2008 года Исламская Республика Иран официально подала заявку на полноправное членство в «Шанхайской Организации Сотрудничества»; в настоящий момент Иран имеет статус наблюдателя в ШОС. Также можно проследить линию блокового разлома по границам государств – членов ГУАМ.[1]

После 1991 года в бывших республиках СССР начинается процесс перестройки государственной идеологии: если до этого идеологической основой государственных структур была коммунистическая идеология, то теперь она заменяется национальной идеологией. Это был вполне логичный процесс: бывшие союзные республики превращались в национальные государства. Логичным было и то, что параллельно формированию новообразованных национальных государственностей должны были формироваться определенные представления о национальной истории, которые призваны обеспечить легитимность национальной государственности. Нужно также подготовить собственное общество к этнической мобилизации и в случае необходимости консолидироваться для действий, направленных против внешнего врага.

Наличие такой «контролируемой» памяти позволяет делать общество более управляемым и сплачивать его и аппарат чиновников на всех уровнях вокруг определённых политических целей. Контролируемая историческая память – общая характеристика новых независимых государств постсоветского пространства. Появление эпических героев-памятников на центральных площадях с историческим обоснованием самобытности, формирующим идеологический плацдарм, стало общей тенденцией. Кроме того, всплески идеологической активности наблюдаются в преддверии выборов для мобилизации административного ресурса, распространяющего идеологические лозунги среди широких масс, а также для публичной легитимизации режима. К примеру,

---

[1] Хуашэн Ч., ШОС и соотношение великих держав на фоне новой ситуации в регионе ЦА // Аналитик. 2003.-N 1, стр.3

празднование 1000-летия Манаса в Кыргызстане, празднование Года арийской цивилизации в Таджикистане в 2006 году. При этом следует отметить, что даты празднований юбилейных мероприятий так или иначе совпадают с предвыборными кампаниями. К примеру, празднование 3000-летия города Ош в 2000 году было проведено в преддверии президентских выборов в Кыргызстане.[1] Затем совпало празднование 2700-летия города Куляб в 2006 году с периодом президентских выборов в Республике Таджикистан.

Узбекистан избрал путь следования воинственным чингизидам, выбрав историческим героем Тамерлана. Лидера, несомненно, оставившего след в мировой истории не только памятниками архитектуры, но прежде всего особой жестокостью и завоевательными походами.[2] Аскар Акаев, Президент Кыргызстана, избрал для страны эпического героя из сказания о Манасе. Республика Таджикистан избрала своим героем Исмаила Самани, основоположника первого таджикского государства, лидера, объединившего разобщенные земли под флагом единого таджикского государства. В то же время в описании истории Исмаила Самани не учитывается роль династии Саманидов, как части исламского мира IX века. В 888 году Исмаил ибн Ахмад разгромил своего брата Насра, а после его смерти в 892 году стал верховным правителем Саманидов, династии правившей регионом. Столица была перенесена в Бухару. В 893 году Исмаил ибн Ахмад совершил удачный набег против карлуков, кочевавших в степях за Сырдарьей, разгромив при этом их столицу Талас. Успехи в борьбе с тюркскими кочевниками способствовали экономическому подъему саманидского государства. Упадок государства Саманидов наблюдается с середины X века. Череда дворцовых переворотов, возросшая роль землевладельческой и военной аристократии подорвали попытки централизации управления. Династия Саманидов прекратила своё существование при Абд аль-Малике II, после взятия в 999 году Бухары тюрками-караханидами. Последний

---

1 Бакиева Г.А., «Манас и самосознание кыргызской культуры// Кыргызский эпос Манас. 2011. URL http://www.eposmanas.ru/?page=567/ (дата обращения 24.12.2012)

2 Goyette, Arthur Vincent. 1974. Ideology and industrial development: the case of Soviet Central Asia. PhD dissertation, University of North Carolina, Chapel Hill

Саманид Исмаил ал-Мунтасир был убит в 1005 году.[1]

Несомненно, следует отметить параллели, проводимые с нынешним политическим курсом и государственной идеологией Республики Таджикистан. Исследования династии Саманидов и Арийской цивилизации в большей степени основываются на советской историографии – в частности, благодаря значительному вкладу академика Бободжана Гафурова, многие годы возглавлявшего Институт востоковедения Академии Наук СССР. Именно Б. Гафуров в своих трудах заложил плацдарм для идеологических основ государственности Республики Таджикистан.

В то же время за прошедший период узбекско-таджикских идеологических противоречий продолжается полемика между научными сообществами двух стран. К примеру, в ответ на многочисленные работы главного антитюркского идеолога, известного таджикского ученого Р. Масова, его узбекский оппонент Ш. Камолиддин пишет работу для Ташкентского государственного института востоковедения на тему «Вопрос о происхождении Саманидов». Исследование основано на малоизвестных данных средневековых источников на арабском, персидском и тюркском языках. Автор пытается доказать тюркское происхождение персидской династии Саманидов.[2]

Кроме того, следует выделить научную дискуссию, развязавшуюся между Р. Масовым и его узбекским визави А. Аскаровым после объявления о празднованиях Года арийской цивилизации в Республике Таджикистан в 2006 году.

Р. Масов опубликовал статью в ответ на заказную статью А. Аскарова «Арийская проблема: новые подходы и взгляды»,[3] опровергающую все научное обоснование идеологии арийства и утверждающую якобы тюркское

---

[1] Негматов Н.Н. Государство Саманидов (Мавераннахр и Хорасан в IX - X вв.) - Душанбе: Дониш. 1977. стр. 33 – 57

[2] Камолиддин Ш.С., К вопросу о происхождении Саманидов// Sosyal Bilimler Dergisi. 2009. URL: http://yordam.manas.kg/ekitap/pdf/Manasdergi/sbd/sbd22/sbd-22-12.pdf (дата обращения: 15.01.2013)

[3] Аскаров А., Арийская проблема: новые подходы и взгляды// Центр Азия. 2009. URL: http://www.centrasia.ru/newsA.php?st=1138060920 (дата обращения: 23.12.2012)

происхождение арийцев «Тюркизация арийцев: чушь или недомыслие?»[1]

Сохраняя текущие темпы трансформации коммуникаций и перемещений за счет технического прогресса, человечество в скором времени придет к увеличению взаимопроникновения культур и формированию единой мировой культуры детей от смешанных браков, людей, имеющих наднациональную идентичность человека, гражданина мира. Естественно, что признаки, выделяющие народ, нацию как единое целое (такие как национальный язык, менталитет, жизненный уклад), могли сформироваться при весьма ограниченных возможностях перемещения людей. Примерами наднациональной общности мира, является приведенные свыше одного миллиарда пользователей Facebook, объединенных единым форматом общения и общей для всех функцией «Like». В то же время на территории Российской Федерации мы являемся свидетелями роста национализма, причина которого лежит в экономическом неравенстве, несостоятельности современной идеологической модели развития, а также в существовании «идеологического вакуума» – из-за отсутствия единого элемента весов, общей религии или концепции мультикультурализма, предполагающей приоритет наднациональной самоидентификации, противопоставляемой этнической самоидентификации. И как только исчезнет или хотя бы сгладится объективная разница в экономическом, образовательном и духовном уровнях развития, начнётся и исчезновение субъективного, заданного восприятия людей иной нации, как менее развитых.

Таким образом, чрезмерная интеграция и участие в процессе мировой глобализации может представлять угрозу для новосозданных государств постсоветского пространства. Следовательно, интеграция для этих стран воспринимается, прежде всего, как угроза национальной безопасности государства. Интеграция по своему определению предполагает отказ от определенного суверенитета во благо коллективных интересов. Ряд новых

---

[1] Масов Р., Тюркизация арийцев: чушь или недомыслие? Ответ на статью А. Аскарова "Арийская проблема: новые подходы и взгляды"//Центр Азия. 2009. URL: http://www.centrasia.ru/newsA.php?st=1136562180 (дата обращения: 24.12.2012)

независимых государств постсоветского пространства, только что получивших свой суверенитет и совсем недавно начавших им пользоваться, проявляют открытое нежелание им делиться. Другими словами, интеграция предполагает определенный уровень политической зрелости. Поэтому все интеграционные объединения на постсоветском пространстве носят аморфный характер. Этим же объясняется дезинтеграционное поведение Узбекистана, от которого в силу его геополитического положения зависит судьба интеграции в Центральной Азии. Но одна центральноазиатская республика не в силах остановить мировой локомотив глобализации. И в недалеком будущем, при неминуемой смене элит и мировоззрений, интеграционные процессы вновь возобновятся.

Нужно закрепить понимание мирового процесса глобализации, как необратимого, он является объективной реальностью мирового развития. Другой вопрос – роль самобытности нации в условиях глобализации, как вопрос национальной безопасности государства.

Действительно, нации, оставившие огромный отпечаток в развитии мировой цивилизации, имеющие историю и города-памятники, существующие тысячелетиями, не боятся быть забытыми и поглощенными процессом мировой глобализации. Тогда как некоторые нации, занимавшиеся последние два десятка лет сочинением своей истории и переписыванием учебников, а также подавлением других этносов внутри страны, более ясно осознают данную угрозу, как угрозу для своей национальной безопасности и суверенитета в ближайшей перспективе.

Если же рассматривать реалии Республики Таджикистан, то сегодня актуален вопрос о чрезмерном сближении с Ираном и Афганистаном и создании каких-либо интеграционных объединений с этими странами в долгосрочной перспективе, что может нести в себе угрозу национальной безопасности, поскольку с учетом исторического прошлого более крупная, влиятельная и родственная по своей натуре персидская цивилизация несет в себе угрозу поглощения.[1] Существует закономерность касательно историко-культурной и этноконфессиональной общности между государствами. Данный фактор, являясь, с одной стороны, существенным потенциалом для сотрудничества и интеграции, в условиях глобализации, объединения и укрупнения, приобретает другие черты и начинает нести угрозу поглощения меньших большими. Такие же параллели можно провести, рассматривая идеологию пантюркизма и сложности отношений Турецкой Республики и тюркского мира, государств Центральной Азии.

Новые независимые государства совсем недавно узнали о существовании собственных национальных интересов. Поэтому историческая общность может служить инструментом подчинения. Этническая и религиозная идентификация находятся в одной плоскости в повседневной политике, как разные формы общинной идентификации.

Как было отмечено раннее, религиозные нормы и организации играют роль фактора, сдерживающего развитие национализма и мешающего приобретению им крайних форм. Религиозное и национальное самосознание в каждом обществе находятся в состоянии постоянно подвижного баланса, в состоянии крайне тонкой настройки весов. Противостояние двух самосознаний продолжается на всем постсоветском пространстве, религиозность и национализм трудносовместимы, тот самый сложный баланс и равновесие представлены в учении Абу Ханифы Имоми Аъзама.[1]

Во внешней политике все чаще определяющими являются личностные отношения лидеров государств, а не межгосударственные отношения и корреляция национальных интересов государств. Главным недостатком данной системы управления является крайняя уязвимость в отношении различных внешних идеологий, проявлений радикализма и местничества по причине отсутствия единой стабильной идеологии долгосрочного развития государства.

Как известно, каждый народ в своей истории стремился или стремится в

---

[1] Martin, Keith. 'Regional and Religious Politics in Uzbekistan and Tajikistan: Some Preliminary Notes', Demokratizatsiya, Vol. 5, No. 3.11. 1997

[1] Poliakov, Sergei P. 1992. Everyday Islam: Religion and Tradition in Rural Central Asia. London: M. E. Sharpe.

целях обеспечения своих интересов обрести ту или иную форму государственности, однако принцип создания государств «по национальному признаку» (один народ – одно государство) не реализовался в истории: подавляющее большинство человечества живет сегодня в многонациональных государствах. На 3-4 тысячи народов приходится немногим более 200 государственных образований.[1] Это означает, что понятие суверенитета, как правило, заключает в себе «разделенный» суверенитет, а самоопределение и самоуправление не обязательно предполагают проведение государственных границ по границам этнических территорий, что, конечно, не отрицает существования последних, как, кстати, и возможности для той или иной территории принадлежать не только одному народу, а двум или даже нескольким одновременно.[2]

Считается, что «Союз ССР был учрежден в результате свободного самоопределения наций на основе принципа социалистического федерализма, то есть на национально-территориальных началах, началах добровольности объединения и равноправия субъектов федерации», и за социалистический принцип советской федерации принимался тот факт, что «в состав СССР входят не географические районы или административные единицы, а национальные государства».[3]

Современный мир не знает случаев, когда какое-либо крупное многонациональное государство добилось разительных успехов в своем развитии, после того как его народы разбежались по своим «этническим квартирам». [4]

«Выбор в качестве субъектов федерации "национальных государств" сужает по ряду причин понятие суверенитета общесоюзного государства. На конституционном уровне общесоюзный суверенитет в СССР был выражен слабее, чем во многих других странах. Хорошо известно, что, скажем, в Испании проживает как минимум четыре крупных народа, а в Индии их десятки, но все же

[1] Чебоксаров Н.Н., Чебоксарова И.А. Народы, расы, культуры. М., 1985.стр.156-158
[2] Чебоксаров Н.Н., Указ соч. стр.170-172
[3] Шишков Ю,. Россия и СНГ: неудавшийся брак по расчету// Pro et Contra. 2001. Том 6. № 1-2.
[4] Шишков Ю., Указ соч. стр. 56-58

существуют и такие понятия, как "испанская нация", "индийская нация", целостность которых выражена государством. Принято считать, что "советской нации" не существовало».[1]

Не следует сбрасывать со счетов и усиливающуюся в мире напряженность на почве конкурирующей деятельности человеческих сообществ по использованию ресурсов жизнеобеспечения в условиях обостряющихся экологических проблем.

«В современных условиях строительства новой жизни мы все должны отдавать себе отчет в том, что вакуум-пустота в обществе после отказа от коммунистической идеологии и морали довольно быстро может заполняться чуждой, привнесенной извне, так называемой массовой культурой с ее неприемлемыми для нас духовными и нравственными пороками и извращениями. Подобная, преследующая далеко идущие цели и щедро финансируемая различными зарубежными центрами, экспансия может привести к серьезным непредсказуемым последствиям. И об этом мы должны всегда помнить».[2]

Необходим постоянный мониторинг состояния живого организма общества на предмет уязвимости перед «всплесками» этничности, провоцируемыми извне и ведущими к дезинтеграции и распаду, как и в историческом примере распада страны-супердержавы, занимавшей треть мировой территории. Даже такие феномены и понятия, как «культура» и «традиции», должны восприниматься живыми, рождающимися и угасающими явлениями, конструируемыми людьми в процессе взаимодействия прошлого опыта и настоящей действительности.

Во многих международных документах одним из первейших прав народов называется право на существование.

Вышеназванное право включает и признание самого факта существования той или иной национальной общности со стороны государства, закрепляемое общегосударственными переписями населения, в ходе которых определяется этническое происхождение граждан по их самосознанию.

Широко признанным является и право на самоидентификацию, то есть определение самими гражданами своей национальной принадлежности. Действовавшая в СССР практика фиксации национальности в паспортах по национальности одного из родителей накладывала ограничения на выражение своего собственного этнического самосознания, а также лишала возможности граждан, утративших свою четкую этническую принадлежность или имеющих сложное (двойное или тройное) самосознание, отнести себя к более широкой категории «советский» или указать сложное происхождение. Данная, на первый взгляд несущественная деталь являлась выражением проводимой политики «права на самоопределение народа», однако все эти процессы в итоге привели к росту этнического самосознания и в конечном результате к развалу СССР и сложной структуре межнациональных отношений на постсоветском пространстве.

Определение этноса восходит к формулировке, данной еще в 1923 году С.М. Широкогоровым: «Этнос есть группа людей, говорящих на одном языке, признающих свое единое происхождение, обладающих комплексом обычаев, укладом жизни, хранимых и освященных традицией и отличаемых ею от таковых других групп».[1]

Место формирования данного этноса, зона обитания его основной части называется этнической территорией. Довольно часто этническая территория не совпадает с государственной границей. В Азии, Америке, Европе и Океании много районов, где государственные границы рассекают и отделяют этническую территорию, что способствует сохранению острых межнациональных проблем. Яркий пример – этническая территория курдов входит в пределы четырех государств.

Число более или менее изученных, а точнее известных этнических

---

[1] Широкогоров С.М., Этнос. Шанхай. 1923, стр.34

общностей, колеблется в пределах 2,2 – 2,4 тысяч.[1] Взаимодействие культур происходило всегда. В наше время межнациональные связи сильно активизировались, межгосударственные и межнациональные миграции заметно усложнили этническую структуру всех стран, особенно крупных городов.[2]

Исторически русский и украинский народы с самого зарождения Киевской Руси имели общую историю и культуру, также, как и таджики и узбеки на протяжении всей своей истории сосуществовали в Ферганской долине, имея общую культуру, общую историю, общее культурное наследие (Самарканд, Бухара). Однако сегодня мы наблюдаем самые сложные отношения между титульными народами, населяющими данные национальные государства. Чем это вызвано? Правда ли, что в данном случае высокий уровень историко-культурной общности свидетельствует о сложности отношений между двумя государствами?

История существования новых независимых государств постсоветского пространства – слишком короткий период для полноценного анализа и прогноза развития отношений между народами, населяющими территории данных государств, в сравнении с тысячелетней историей их взаимоотношений. К примеру, история отношений народов Центральной Азии внутри когда-то единой цивилизации, а в результате подписания русско-английского соглашения 1872 года и подтвердившего его соглашения 1895 года о русско-афганской границе на Памире, по обе стороны границы, в зонах влияния разных империй, оказались разделенные этносы.[3] В наши дни мы можем наблюдать результаты данного соглашения, это линия границы между Республикой Таджикистан и Исламской Республикой Афганистан, а также фактор разделенных границами народов. На сегодняшний день в Таджикистане – таджики составляют 70% населения, узбеки же составляют 17%, а в Афганистане 30% населения таджики, 10% узбеки. В целом государственные границы многих национальных центральноазиатских государств не смогли вместить в себя всю многонациональную мозаику этого

---

[1] Арутюнов С.А., Народы и культуры: Развитие и взаимодействие. М. 1989.стр. 130
[2] Арутюнов С.А.,Указ соч. 135-136
[3]Штейнберг М.,Сборник статей// Русский Базар – интернет-журнал. 2002. [Электронный ресурс] URL: http://russian-bazaar.com/ru/edition/38.htm (дата обращения: 23.11.2012)

региона. [1]

Фактор историко-культурной и этноконфессиональной общности на постсоветском пространстве представляет собой столкновение остаточного эффекта влияния со времен Российской империи с ростом этнического самосознания различных национальных культур, особенно имеющих общее историческое прошлое с различными внешними игроками. Например, с таким государством, как современная Турецкая Республика, являющаяся правопреемником Османской Империи. Или же взять современную Румынию, с ее амбициями на присоединение Республики Молдова, т.е. фактор этноконфессиональной общности становится угрозой суверенитету и стабильности государства.

В международных отношениях между двумя соседними государствами зачастую возникают проблемы, касающиеся демаркации границ, установления режима границ, транзита товаров и грузов, сообщения между странами. Однако при эффекте разделенных границами народов, возникает, куда больший спектр проблем, который порой доходит до минных полей и полувоенного положения между братскими государствами (Таджикистан – Узбекистан).

На примере названных стран мы видим, что историко-культурная общность народов является одной из причин сложных отношений между этими странами, что вызвано факторами, которые будут более подробно рассмотрены в последующих разделах монографии.

В вышеизложенном уже упоминалось об управляемой исторической памяти как инструменте мобилизации нации. В данном разделе предлагается рассмотреть другие методы управления и мобилизации масс вокруг определенных целей. К примеру, образ международного терроризма и угроза террора, как метод мобилизации перед лицом общего внешнего врага. Или использование национальной карты и национальной идеи.

---

[1] Jonson L., Allison R. Central Asian Security: internal and external dynamics// Central Asian Security: The New International Context/ Ed. by Roy Allison and Lena Jonson, eds. Lena Jonson. The Brookings Institution, 2001. P. 1-23.

Политическим лидерам и политтехнологам их природный инстинкт, опыт и знания всегда подсказывают, какие психологические механизмы способны привести людей к тому или иному движению. Одной из самых популярных тем является тема «национальной идеи». На волне растущего национализма уже появилось немало национальных лидеров, претендующих на то, чтобы стать лидером нации. Тема проблем нации гарантирует электорат, так как затрагивает проблематику широких слоев населения страны.

Политический феномен под названием «популизм» имеет достаточно широкую интерпретацию для обозначения различных социально-политических движений и идеологий, в основе которых лежит апелляция к широким народным массам; политическую деятельность, основанную на манипулировании популярными в народе ценностями и ожиданиями.[1]

Еще Б.Н. Чичерин обратил внимание на то, что «способность убеждаться разумными доводами составляет редкий дар природы, требующий высокого развития ума и характера. Обыкновенно же люди убеждаются тем, чем они хотят убедиться, т. е. тем, что льстит их наклонностям или их интересам».[2] Именно поэтому популизм ориентирован на манипуляцию электоратом для создания массовой поддержки.[3]

Современные политики используют различные инструменты для работы с электоратом, в их числе и подталкивание людей к национализму, поиск разрешения возникших проблем за счет другого народа, заведомо невыполнимые обещания благополучия на этой основе, игра на национальных чувствах – все это характерные признаки национальных политиков-популистов. Данная методика легко прослеживается в «медиа-всплесках» современной российской проблематики миграционной политики на фоне ухудшающегося состояния экономики и промышленности, а также негативных прогнозов.

---

[1] Баранов Н.А. Эволюция взглядов на популизм в современной политической науке. СПб., 2001. Стр.34.

[2] Чичерин Б.Н. Собственность и государство // Чичерин Б.Н. Избранные труды. СПб., 1997. Стр.357.

[3] Троицкий Е.Ф. ЦА в системе МО. Докторская диссертация, Томск, 2010, стр. 28

В современной истории использование популистских методов характерно как для руководителей авторитарных и тоталитарных режимов, так и для политических деятелей демократических государств.

По мнению Д.Макре «популизм очень часто выступает в современном мире в неразрывном единстве с национализмом»[1].

Национальная идея как никакая другая понятна народу и потому притягательна. Благодаря этому ее использование, особенно в переломные моменты истории, наиболее эффективно.[2] Что же касается национализма, то он помимо инструмента мобилизации превратился в эпидемию заполняющей образовавшийся идеологический вакуум на всем постсоветском пространстве.

В западной литературе термин «национализм» порой употребляется в нейтральном смысле и не содержит оттенка, как одобрения, так и неодобрения, однако на русском языке это слово имеет явно отрицательный оттенок: его употребление связано с неодобрением, неумеренностью и радикализмом к неприемлемым сторонам националистического чувства.

По мнению профессора Кембриджского университета Э. Геллнера, «национализм – это, прежде всего, политический принцип, суть которого состоит в том, что политическая и национальная единицы должны совпадать. Националистическое чувство – это чувство негодования, вызванное нарушением этого принципа, или чувство удовлетворения, вызванное его осуществлением. Националистическое движение – это движение, вдохновленное чувством подобного рода».[3]

По теории Л.Н. Гумилева люди объединяются по принципу комплиментарности, под которым понимается неосознанная симпатия к одним и антипатия к другим.[4] Это неосознанное чувство является тем вирусом, который

[1] MacRae D. Populism as an ideology. In: Populism: Its meanings and national characteristics. L.,1969. P.163.

[2] Баранов Н.А. Национальный популизм как источник конфликтов на постсоветском пространстве//Форум 2004. Нация и мир. Ежегодник Института сравнительной политологии РАН. М.: Мысль, 2004. С. 363-382.

[3] Геллнер Э. Нации и национализм: Пер. с англ. М.,1991. Стр.23

[4] Гумилев Л.Н. Этногенез и биосфера Земли. Л., 1990. Стр. 231-232

пробуждается в определенные моменты и тогда начинается болезнь под названием «национализм».[1]

А.М. Зимичев утверждает, что этнос всегда существует там, где есть разделение на «Мы» и «Не Мы».[2] Иногда к этим несоответствиям относятся спокойно, без раздражения в силу своего интеллектуального уровня и эрудиции об этническом многообразии. Когда этнические или культурные различия воспринимаются агрессивно, это критерий заболевания. Причина его: гипертрофированное острое и враждебное противопоставление «своего особенного» своеобразию другого этноса.

Согласно этнофрейдистской концепции, в реальной жизни нередко представители одной нации нетерпимы к представителям другой нации, что также может быть вызвано социальными трендами и медиа-воздействием на аудиторию. Такое явление связано со стремлением человека (а подчас и властвующего режима) возложить вину за неудачи и несчастья, преследующие свой народ на внешний элемент, тем самым мобилизуя политическую волю вокруг определенных задач, – стремлением найти виновников существующих проблем. Зигмунд Фрейд по этому поводу писал: «Немаловажной становится выгода малого культурного круга – он дает этому влечению (удовлетворению агрессивной наклонности – автор) выход вовне, направляя агрессивность на стоящих за пределами круга. Всегда можно соединить связями любви огромное множество; единственное, что требуется – это наличие того, кто станет объектом агрессии».[3] К примеру, в многонациональной России на сегодняшний день данную функцию несут на себе «лица кавказской национальности» или «представители среднеазиатских народов».

Для полного понимания роли национальной идеологии, а также термина «национальная идея», всех этих терминов введенных западными политологами, необходимо правильно понимать сам термин «нация». Нация, в отличие от этноса,

---

[1] Гумилев Л.Н. Указ соч. Стр. 236-237
[2] Зимичев А.М. Психология политической борьбы. СПб., 1993. С.55.
[3] Фрейд З. Психоанализ. Религия. Культура. М., 1992. С.108-109

– это верхний слой «атмосферы» или «матрешки самоидентификации» личности, то, что дается не фактом рождения, а собственными усилиями и личным выбором индивида. Нацию можно сменить, этнос – нельзя. Нация – это государственная, социальная, культурная принадлежность индивида, а не его антропологическая и этническая принадлежность.[1] Достаточно часто из уст различных специалистов мы слышим, что «американской нации не существует», – это высказывание является примером непонимания определения термина нации и национального государства в его современной форме. К примеру, в Великобритании проживает более трёх миллионов мусульман, считающих себя полноправными «британцами» по своей национальности, никак не противоречащей их некоренному для этой северной страны этническому происхождению. Так же как и «лица кавказской национальности» или «представители среднеазиатских народов», ставшие или являвшиеся гражданами РФ, по своей национальности должны считаться, прежде всего «россиянами». Другой вопрос – есть ли такая национальность? К примеру, на английском языке их можно назвать либо «русскими» либо гражданами РФ, однако сам термин «россиянин» не имеет эквивалента на английском языке и не популярен, так как в СМИ чаще используется терминология по этнической принадлежности граждан РФ. Аналогичная ситуация с другими государствами и народами, населяющими постсоветское пространство. В свою очередь данное разделение способствует дезинтеграции и использованию националистических чувств масс для их управления. К примеру, в Республике Таджикистан в официальной терминологии и в СМИ используется этноним «таджик» и «таджикский» как на русском, так и на английском языках. Альтернативой является определение в качестве гражданина Республики Таджикистан. Крайне редко встречается наднациональное определение «таджикистанец» или «таджикистанский», что могло бы более объективно учитывать интересы представителей узбекской, киргизской, русской и других национальностей, проживающих на территории Таджикистана.

---

[1] Арутюнов С.А., Указ соч. 1989. стр.6-10

Анализ ряда публикаций современных политологов Республики Таджикистан подтверждает чрезмерную увлеченность управляемой исторической памятью и ложным государственным национализмом. Ему все чаще придают не государственный, а сугубо этнический окрас.

1.3. Социальный портрет гражданского общества. Социально-экономические факторы формирования политической культуры

Тема гражданского общества имеет большое значение в контексте исследования роли идеологии. Так как идеология является системой идей и верований, регулирующей общество и является инструментом управления в руках государства, вопросы взаимодействия государства и гражданского общества требуют специального рассмотрения.

В древности общество и общественные отношения сформировались задолго до появления государства, что особенно важно в изучении современного гражданского общества в новых независимых государствах. Согласно идеям Аристотеля, частная собственность является критерием гражданского общества, так как она предполагает набор определенных прав и законов регулирующих взаимоотношение индивидов. Кроме того, Аристотель одним из первых вводит понятие среднего класса, как основы стабильности общества.[1]

В то же время говорить о гражданском обществе можно с момента появления самостоятельного гражданина, наделенного определенными правами и свободами, следовательно, существование гражданского общества напрямую связано с существованием государства.

Макиавелли разделил государственную и негосударственную частную жизнь, говоря о том, что кроме государства есть нечто иное, существующее по своим собственным правилам и неподвластное власти.[2]

Томас Гоббс впервые ввел научное понятие гражданского общества и провозгласил его превосходство над государством.[3] Согласно Джону Локку, государство возникает только тогда, когда в нем возникает потребность. В соответствии с его видением, потребность в государстве возникает для сохранения и регулирования собственности. Следовательно, главным условием

---

[1] Широкогоров С.М., Этнос. Шанхай. 1923. Стр. 15-16
[2] Макиавелли Н., Государь: Рассуждения о первой декаде Тита Ливия. Азбука. 2012. стр. 56-58
[3] Широкогоров С.М., Указ соч. стр.17

сосуществования гражданского общества с государством является универсальность закона, т.е. равенство всех ее членов перед единым законом. Шарль Монтескье и Жан-Жак Руссо рассматривают стадии развития человечества из общества в государство, в котором гражданское общество преобразуется в государство для нейтрализации борьбы путем достижения общественного договора. Иммануил Кант ввел условия существования гражданского общества при сочетании свободы каждого со свободой других, а также провозгласил плацдарм для французской революции «свобода, равенство и братство».[1] Затем Гегель выделяет условия существования гражданского общества: равенство, общность интересов, частная собственность, защищенность человека от случайностей. Карл Маркс определил гражданское общество, как сферу экономической жизни и объединил с государством, выделяя его развитие в диктатуру пролетариата и в «общенародное государство».[2]

В современной политологии гражданское общество представляется добровольно сформированными различными негосударственными общественными объединениями во всех сферах жизни, а также средой действия свободных индивидов. Гражданское общество, как и средний класс, является залогом здорового и стабильного государства. К примеру, в США 70% населения участвует в ассоциациях и общественных организациях. В новых независимых государствах постсоветского пространства началось активное развитие неправительственных организаций, субсидируемых зарубежными донорами и во многом отвергающих базовый принцип добровольных общественных организаций. В большинстве случаев участники неправительственных организаций материально заинтересованы в своем участии. В то же время следует отметить активизацию молодежи на постсоветском пространстве в результате формирования новой государственной идеологии и трансформации общественного сознания.

---

[1] Широкогоров С.М., Указ соч. стр.19
[2] Широкогоров С.М., Указ соч. стр.20

Потребность формирования государственных идеологий в Центральной Азии в начале 90-х годов появилась задолго до того, как научное сообщество получило возможность провести какие-либо значимые дебаты по осознанию произошедших исторических событий в политике государства. Восстановление национальной истории в Таджикистане и соседних странах – Туркмении и Узбекистане – стало единственным способом интерпретации прошлого, и оно было монополизировано центральной властью. Факты национально-исторического формирования определялись официальными государственными идеологиями. В некоторых случаях политические элиты стремились добиться международного признания своей исторической роли и легитимности.

Как и во многих посткоммунистических евразийских государствах, даже редкие случаи гражданского национализма в странах Центральной Азии содержат элементы этноцентризма. Тарас Кузио на примере Украины утверждал, что понятие гражданского национализма в посткоммунистических государствах может также интерпретироваться, как разновидность этнического национализма. Нет ни одного случая среди бывших стран Советского Союза, где гражданский национализм представляет государство либо открыто принимается обществом, в котором этнические различия не имеют однозначных особенностей, национальная принадлежность и гражданство не идентичны. Сама идея гражданского национализма в основном была чужда образованным советским политикам, академикам и обществу в целом.[1]

Важной особенностью идеологий стран Центральной Азии в постсоветский период является тот факт, что они ретроспективные и противоречат советским идеологическим проектам, которые были идеологией дальнейшего прогресса для укрепления внутреннего единства Союза и доверия людей к партии. Под контекстом «Советские люди» советская идентичность, в конечном счете, должна была преобладать над национальной самобытностью. Советская идеология искала идейную поддержку для истории Советского Союза,

---

[1] Саралаев У.К., Международное общение как фактор укрепления сотрудничества независимых государств Средней Азии (на примере Кыргызстана и Узбекистана) //Авт. Дис. к. н., Т., 1999

начиная со времен Ленина и распространения марксистских идей в начале XX столетия. Победа СССР под руководством Сталина во время Второй мировой войны также стала плодовитым источником для идеологической мобилизации. Дух советского героизма и патриотизма стал центральной темой идеологической работы.

Все центральноазиатские государства обратились к опыту совстского прошлого как к источнику идеологического вдохновения, исключением была лишь разработанная Президентом Казахстана Н. Назарбаевым программа развития «Казахстан 2030», озвученная в ежегодном послании президента в 1997 году.[1]

Выбор героев стран Центральной Азии варьировался от мифических до реальных, от древних до современных. Яркая персона в образе воина укрепляет понятие «важной истории» народов стран Центральной Азии. Такие личности, как Абылайхан в Казахстане, Манас в Кыргызстане, Амир Темур в Узбекистане, Исмаил Самани в Таджикистане и Туркменбаши в Туркменистане, являются представителями мужественности в пределах национальных идеологий, закрепленных политическими элитами стран Центральной Азии. Патриотизм проявляется в привязанности и уважении к стране как к этническому единству, следовательно, данный фактор сам по себе определяет вопрос продвижения кадров с нетитульным этническим происхождением. В большинстве случаев, независимо от профессионализма, титульной этнической группе предоставляют больше возможностей в сфере карьерного роста в разных секторах индустрии, в особенности в вооруженных силах.

Э. Рахмон посвятил 2003 год празднованию наследия Зороастризма. Таджикистан праздновал 3000 лет Зороастрийской цивилизации благодаря инициативе Э. Рахмона и одобрению ЮНЕСКО. Совместно с правительством Таджикистана и ЮНЕСКО была выпущена книга «От песен Заратуштра до мелодий Борбада» – собрание авторов из Таджикистана, Узбекистана, Ирана,

---

[1] Малашенко А. Постсоветские государства Юга и интересы Москвы// Pro et Contra. 2000. Том 5. № 3.

Франции, Германии, Канады и США. Первой главой данной книги является публикация Эмомали Рахмона «Таджикистан – родина Заратуштры, первого пророка правосудия». Узбекские историки также нашли доказательства, что Зороастризм был широко распространен в Узбекистане.[1] Это мнение было высказано директором музея «Ситораи Мохи Хоса», Кореги Джумаевым в Бухаре. Джумаев заявил, что Зороастризм как «первая религия в мире» была зарождена в узбекском городе Хорезм.[2]

В период СССР арийский проект был в центре многих историографических работ таджикских ученых. Известный академик Бободжон Гафуров был передовым покровителем «арийской» тематики. Фундаментальные работы Бободжона Гафурова «История Таджиков», «Таджики: Древнейшая, Древняя и Средневековая история» были опубликованы в 1947 и в 1972 гг. В обеих книгах Б. Гафуров исследует этническую связь таджиков с арийцами и присвоение таджикской территории Узбекистаном в начале XX века.[3]

Интерпретация Арийской цивилизации в государственном статусе Таджикистана в период независимости имела большое значение, также советские работы содержали антитюркские и антиузбекские коннотации над этим спорным вопросом в формировании национальной истории. В то же время, подчеркивая арийское наследие, Таджикистан создает свою собственную отличительную идентичность. По словам таджикского историка Пулата Шозимова, Арийская цивилизация удерживает процесс «тюркизации» Таджикистана и придает стране уникальность в Центральной Азии.

Очевидно, что интерпретация Арийской цивилизации в Таджикистане содержит глубокие этнонационалистические оттенки, в частности Арийская цивилизация представляется в противовес усиленного продвижения Узбекистаном своего регионального лидерства в развитии Тюркской

---

[1] Шозимов П. Р., Идентичность и процессы социальных изменений в современном Таджикистане: теория и социальная практика. 2009.[Электронный ресурс] URL: http://iph.ras.ru/uplfile/root/biblio/School_young_ph/27_Shozimov.pdf (дата обращения 05.12.2012)
[2] http://iph.ras.ru/uplfile/root/biblio/School_young_ph/27_Shozimov.pdf
[3] http://iph.ras.ru/uplfile/root/biblio/School_young_ph/27_Shozimov.pdf

цивилизации. Арийская доктрина Таджикистана охватывает область Центральной Азии и Афганистана, где проживают этнические таджики.

Известный таджикский историк академик Рахим Масов был среди первых инициаторов продвижения Арийской цивилизации в национальной идеологии Таджикистана. Р. Масов издал ряд книг и статей о таджикской истории, где он осудил шовинистов (в основном узбекских), кто действовал против формирования Таджикистана в 1920-30-х гг. Рахим Масов также рационализировал потери территорий таджиков в начале формирования Советского Союза. Не осуждая результаты революции 1917 года, он осудил пантюркизм, который на тот момент преобладал среди узбекских элит. Эмомали Рахмон, поддержав интерпретацию Рахима Масова о взаимосвязи современных таджиков с арийцами, в своих выступлениях часто упоминает о том, что различные враги стремились разрушить страну, но таджики выжили и сохранили свое национальное достоинство и культуру в течение тысячелетий.[1]

Возрождение исторической темы в идеологическом пространстве для Таджикистана неизбежно создает национальную обиду и чувство недовольства тем фактом, что такие ключевые исторические города периода династии Саманидов, как Самарканд и Бухара, на сегодняшний день являются городами на территории Узбекистана.[2] Таджиков связывает с этими городами не только исторические моменты, но и родственные связи, которые были установлены еще с давних времен и в советские годы. Российский историк Сергей Абашин утверждал, что обсуждение вопроса «Кто виноват?» в территориальном уменьшении Таджикистана стало частью национальной идеологии страны. Вопрос затрагивает все дискуссии истории Таджикистана и данную ситуацию.[3]

---

[1] Масов Р., Тюркизация арийцев: чушь или недомыслие// Centrasia.ru, 6 Января 2006.URL: http://www.centrasia.ru/newsA.php?st=1136562180 (дата обращения: 23.02.2013)
[2] Нугмон Н. , Таджикский феномен: Теория и История, Душанбе, 1997, стр.123-125
[3] Абашин С., Чикадзе Е., Экономические мигранты из Центральной Азии: Исследование трансформации идентичности, норм поведения и типов социальных связей// Центр независимых социологических исследований. 2008. [Электронный ресурс] URL: http://www.cisr.ru/files/otchet_econom_mogranty.pdf (дата обращения: 21.12.2012)

Рахим Масов, будучи ярким критиком узбекского исторического национализма против таджикской и других центральноазиатских национальностей, столкнулся с обширной критикой со стороны оппонентов из Узбекистана. Главными противниками его идеологической доктрины были узбекские историки, которые утверждали, что тюркская цивилизация оказала большее влияние на таджиков, чем арийская цивилизация. Этот вопрос был обсужден в жестоких дебатах между Рахимом Масовым и узбекским историком Ахмадали Аскаровым. Масов написал статью в ответ на заявление Аскарова о том, что арийская цивилизация является частью тюркской цивилизации.[1] Он объявил Аскарова в фальсификации исторических фактов. Эти заявления вызвали широкие дебаты в Таджикистане и в Узбекистане.[2] Основным спором академиков являлся вопрос о том, какая из цивилизаций, тюркская либо арийская, была доминирующей в Евразии. Их дебаты перешли на политический уровень, когда оба ученых обвинили друг друга в радикальном этнонационализме. Р. Масов воспринял аргументы А. Аскарова, как продвижение панузбекского и панисламского движения, в то время, как последний утверждал, что Таджикистан продвигал паниранизм.[3]

В Таджикистане только коммунистическая партия полноценно представляет идеологические взгляды, альтернативные власти (по крайней мере, символически), остальные же четыре политические партии – такие как Демократическая Партия, Партия Исламского Возрождения, Социал-Демократическая Партия и Социалистическая Партия – сгруппированы вокруг своих лидеров, а не идей. Президентская Народно-Демократическая Партия служит платформой продвижения идеологических взглядов власти.[4]

---

[1] http://www.centrasia.ru/newsA.php?st=1136562180

[2] Аскаров А., Арийская цивилизация: новые подходы и взгляды// Centrasia.ru.2008. URL: http://www.centrasia.ru/newsA.php?st=1138060920 (дата обращения: 24.12.2012)

[3] Нугмон Н., Указ соч., стр.30-3

[4] А.А. Анарбаев, История Узбекистана в археологических и письменных источниках, Ташкент: Поклонник, 2005. стр.78-79

Все центральноазиатские государства сталкиваются с одинаковыми сложностями в создании государственной идеологии. Во-первых, политические элиты должны установить баланс между консервативным этнонационалистическим обществом и этническими меньшинствами, так как все центральноазиатские государства мультиэтнические или хотя бы с одной этнической группой, которая представляет более чем 10 процентов общей численности населения. Любое этноцентричное идеологическое видение неизбежно подавляет этнические меньшинства. Однако толчок политических элит к соблюдению этноцентризма часто более ощутим, чем стимулы формирования сбалансированной межэтнической политики. Советская традиция обработки этногенеза все еще преобладает в Центрально-Азиатском регионе. Она является единственной возможностью объяснения современного существования этнических групп и идентичностей, а также противоречит рассмотрению этнической принадлежности, как социальной конструкции, относящейся к определенной территории и государству. Большинство политических лидеров, ответственных за установление идеологий, редко ставят под сомнение научную модель этногенеза. Например, проекты А. Акаева «Манас-1000» и «Ош-3000», также как и «Куляб – 2700» в Таджикистане были типичными политическими заказами академическим кругам, которые были наделены правом обеспечения «научного» обоснования.

Значительно недооценена роль ЮНЕСКО в формировании идеологий в странах Центральной Азии. Организация сыграла существенную роль в узаконивании исторических праздников таких стран, как Кыргызстан, Таджикистан и Узбекистан. ЮНЕСКО обеспечивает определенное признание идеологий национальных элит международным сообществом. В том же 2006 году, когда ЮНЕСКО отказалась утвердить «год Арийской цивилизации в Таджикистане», правительство Таджикистана созвало конференцию стран, говорящих на языке фарси, для того, чтобы показать международное признание празднования. Когда ЮНЕСКО и другие международные организации поддерживают национальные культурные проекты, они в определенной мере рискуют, придавая легитимность действующим властям в стране.

Насколько сочетаются Ислам и демократия? Ведь процесс формирования гражданского общества в условиях демократии имеет свою специфику в исламском государстве. Недемократические модели управления государством подразумевают то, что граждане вверяют свою жизнь в руки правителя, что для верующего более естественно, так как, согласно писанию, он вверяет всю свою жизнь в руки Всевышнего.

Исламское общество значительно легче и более управляемо, ведь на период распространения Ислама на Ближнем и Среднем Востоке ислам стал идеальной моделью государственного управления. В то же время вторая ценность западной демократии – равенство – очень легко ложится на рельсы религии, так как перед Богом все равны, независимо от социального положения, этнической принадлежности, родственных связей.

Следует отметить, что официальная государственная идеология противостоит распространению Ислама в Таджикистане. К примеру, за период 2002-2012 годов был принят целый ряд законопроектов, регулирующих строительство мечетей, вводящих ограничения по возрасту и полу для посещения мечетей вплоть до определения длины бороды и гардероба.[1] Идеологии «Арийской цивилизации», «Зороастризма», проводимые властью открыто, противоречат исламской идеологии, в то же время официальное признание государственным масхаба Ханифизма, а также празднование года Имама Азама в 2009 году открыло новый этап в государственной идеологии.[2] Тема празднований и объявления года, посвящённого определенному идеологическому проекту, имеет особое значение – таким образом можно легко проследить стадии развития государственной идеологии Республики Таджикистан.

В 1999 году масштабно праздновалось 1100-летие государства Саманидов,

---

[1] Olimova, Saodat. (1999). Political Islam and conflict in Tajikistan, in Political Islam and Conflicts in Eurasia, Sweden: AB Publishing House. P 47

[2] Poliakov, Sergei P. (1992) Everyday Islam: Religion and Tradition in Rural Central Asia. London: M. E. Sharpe.

2003 год был объявлен годом Зороастризма в Таджикистане, что способствовало ослаблению роли исламских сил в идеологической борьбе. Однако данный проект провалился, так как идеология Зороастризма не имела никаких идейных основ и принципов.

В предвыборном 2006 году праздновались 2700-летие города Куляба и Год Арийской цивилизации. К 2009 году Исламская оппозиция потерпела полное поражение, в то же время Ислам набирал все большую популярность посредством распространения различных течений ваххабизма и литературы из Саудовской Аравии и Ирана. Следовательно, несмотря на ряд законов, ограничивающих распространение Ислама, проблема Ислама сохраняла свою актуальность, наблюдались смута и пресечение деятельности различных исламских организаций. По причине слабости позиций официального духовенства, в плюрализме дискуссий на тему Ислама в Таджикистане развилась сеть организаций, представляющих «Исламское движение Узбекистана», «Салафия», «Хизбу Тахрир», «Братья мусульмане». В результате чего, в 2009 году официальная власть признала официальный масхаб Ханифи государственным, объявив 2009 год Годом Имама Азама.

Историю современного Таджикистана можно разделить на следующие периоды:

Период гражданской войны 1991-1997, Период политической борьбы и формирования идеологии 1997-2007. Второй срок президентства, смена имени Эмомали Рахмонова на Эмомали Рахмона. Поражение Исламской Партии Возрождения на парламентских выборах. Через десять лет после мирного Соглашения между правительством и Объединенной таджикской оппозицией государству удалось подавить всех бывших военных командиров, в том числе: Файзали Саидова, Гафура Мирзоева, Махмуда Худобердыева, Ибодуло Бойтматова, Якуба Салимова и Шамсиддина Шамсидинова.

Следующий период (2008-2013 годы) связан с формированием современной идеологии энергетической независимости и признанием официального государственного Ислама, с выделением национальных интересов и стратегических задач. На сегодняшний день национальной идеей является достижение энергетической независимости путем строительства Рогунской ГЭС. А также выход из коммуникационной изоляции, что предусматривает строительство дорог в основном за счет кредитования из КНР. В то же время официальными лицами подчеркивается необходимость развития проекта CASA-1000 в рамках развития региональной интеграции в контексте «Большого Шелкового Пути», провозглашенного США.

1.4. Теория политического элитизма и её влияние на формирование государственной идеологии

Для понимания теории политического элитизма необходимо вернуться к определению среднего класса и его роли в процессе формирования элит.

По Веберу средний класс, это прослойка общества между рабочим классом и элитой. Впервые термин появился еще в середине XVIII века, определивший группы людей, не входивших в структуру общества, делившегося на представителей потомственной аристократии землевладельцев и крестьян, работающих на этой земле. Затем во Франции их называли буржуазией, туда входили ремесленники, торговцы, ведущие свой бизнес и живущие в городе.

Именно буржуазия в свое время тянула французское общество вперед и во многом стала движущей силой французской революции, подарившей миру современную республику со свободой, равенством и братством более чем 200 лет назад.

Со снижением роли аристократии буржуа стали новой элитой, и появилось новое капиталистическое определение среднего класса. В современном мире это достаточно гибкое понятие, имеющее свои особенности в каждой из стран, и у нас есть право задать свои критерии таджикского среднего класса. К примеру, в Германии это те люди, чьи доходы составляют от 70 до 150 процентов от среднестатистических. Удельный вес средних слоев в развитых странах составляет ныне 60-70% населения, а нижние и верхние слои (бедные и элитные группы) значительно уступают среднему классу по численности.[1]

Согласно данным Министерства экономического развития Республики Таджикистан, последнее исследование по определению среднего класса в Таджикистане было завершено в 2009 году. Тогда было определено, что население, живущее за чертой бедности, составляло 47,2%, а их месячные расходы составляли 162 сомони на душу населения (35 долл. США).

---

[1] Султанов А.Ш. Двигатель прогресса, Журнал «VIPzone», N4/2013 URL: http://sultanov.co.uk/content/есть-ли-в-нашей-стране-средний-класс (дата обращения: 21.09.2013)

Уязвимое население составляло 30%, которое тратило от 162 до 230 сомони в месяц (35-45 долл. США).

Уровень нижнего среднего класса составлял 12,9% – 230-294 сомони в месяц и уровень высшего среднего класса (зажиточное население) составлял 13,1%, которое могло расходовать 295 сомони и выше. (65 долл. США)[1]

В масштабах Республики Таджикистан средний класс – это в большей степени люди, имеющие возможность выехать и работать за рубежом. По классическому определению, на питание средний класс тратит около трети своих доходов (33%). Те, кто побогаче, – еще меньше: четвертую (25%) или даже пятую часть (20%). Остальное можно тратить на лечение, образование, отдых и другие сферы потребительского выбора. Следовательно, при сложившихся в Таджикистане расходах зарплата среднего класса должна составлять от 1500 до 2500 сомони (350-550 долл. США).[2]

Между тем существующая ныне в Таджикистане средняя зарплата (555,5 сомони) не обеспечивает и половину прожиточного минимума самого работника, в то время как ему приходится обеспечивать свою семью состоящую, как правило, из нескольких человек.

Иначе говоря, большинство таджикистанцев вынуждены тратить все заработанное на еду или даже отказывать себе в необходимом питании, чтобы покрыть другие расходы, по которым не возникает вопроса – покупать или не покупать: это лекарства, средства гигиены, одежда. Получается, 1,5 млн человек, работающих за рубежом и держащих на своих плечах больше половины ВВП, являются гарантом стабильности. А также их семьи. Следовательно, речь идет о 4,5 млн. человек.

---

[1] Эргашева З., МЭРТ: В Таджикистане уровень среднего класса может достигать 22%// Информ. Агентство «Asia-plus», 8 ноября 2013 года, URL: http://news.tj/ru/news/mert-v-tadzhikistane-uroven-srednego-klassa-mozhet-dostigat-22 (дата обращения: 8.11.2013)

[2] Касымбекова В., Мифы и реальность таджикского благополучия// Информ. Агентство «Asia-plus», 28 июня 2013 года, URL: http://news.tj/ru/news/mify-i-realnost-tadzhikskogo-blagopoluchiya (дата обращения: 23.09.2013)

Вероятно, многим не понравится что российские дворники, таксисты и продавцы овощей представляют большую часть среднего класса Республики Таджикистан, однако количественно несопоставима группа людей, живущих в Таджикистане и являющихся средним классом. К примеру, большинство образованных таджиков надменно считают мигрантов необразованной массой из сельской местности, которая недостойно представляет страну за рубежом.

«Всякие попытки устранения элитарности приводили лишь к ухудшению, а то и просто к дегенерации правящей верхушки, либо к охлократии – власти толпы....

Уничтожить элиту – значит открыть путь еще большей, небывало жесткой деспотии: в этом случае между верховной властью и многомиллионными массами населения не появится достаточно развитая управленческая прослойка с отлаженной системой информации и воздействия. Отсутствие такой прослойки либо ее крайнюю слабость и приходится компенсировать использованием самых бесчеловечных форм управления. Однако потребовалось достаточно длительное время и не один социальный катаклизм, чтобы понять, что если в обществе нет элиты – небольшого числа людей, чей интеллектуальный и культурный уровень намного превышает средний, то и средний уровень обречен на понижение, а все общество обречено на вырождение и упадок».[1]

Если средний класс для государства в большей степени несет системообразующую функцию и является залогом стабильности общества, нежели двигателем прогресса, то движение элит и адекватная модель ее формирования являются основными критериями развития. Элита формируется из лидеров, создающих модель поведения, которой подражают массы.

---

[1] Коновалов И.Н., Политические элиты // Политология для юристов: Курс лекций; Под ред. Н.И.Мазутова и А.В.Малько. М. 1999. стр.261

Элита и ее здоровое живое движение являются двигателем прогресса общества. В то же время движение элит происходит за счет среднего класса. Однако прежде нужно понимать, что такое элита в любой социальной группе и зачем она нужна?

Элита по определенным общепризнанным признакам – это лучшие, избранные. К примеру, в преподавательской среде элитой может быть профессура ведущих вузов, а в научном мире – академики. Другими словами, в любой сфере деятельности есть своя элита. Ярким представителем элиты можно назвать пророка Мухаммеда, который своим жизненным примером по сей день ведет за собой весь мусульманский мир. Таким образом, роль элиты именно в создании идеальной социальной модели поведения, в авторитете и примере для подражания. Именно группы элит формируют цели и модели поведения для масс, что и является по своей сути локомотивом общества.[1]

Проблема современного Таджикистана и большей части стран постсоветского пространства заключается в отсутствии адекватной модели формирования элит и несоответствии современных лидеров общественного мнения объективным критериям элиты.

К примеру, все знают о купленных дипломах и научных степенях, знают о коррупции, местничестве, регионализме и непотизме. Никто не верит, что человек без связей или какого-нибудь «влиятельного родственника» может достичь чего-либо и это, к сожалению, стало неотъемлемой частью общественного сознания в Республике Таджикистан. С другой стороны, движение элит обеспечивается за счет среднего класса, которого на территории Таджикистана практически не осталось, его мужская часть в большинстве работает вне страны, а грамотность среди женщин в сельской местности за ненадобностью неуклонно падает. Первостепенной задачей таджикского общества является создание условий для формирования и развития здоровой элиты. Чтобы молодежь имела примеры в качестве социального ориентира и сохраняла веру в то, что без коррупции,

---

[1] Султанов А.Ш. Двигатель прогресса, Журнал «VIPzone», N4/2013 URL: http://sultanov.co.uk/content/есть-ли-в-нашей-стране-средний-класс (дата обращения: 21.09.2013)

непотизма, регионализма и «влиятельного родственника», можно добиться высот путем самосовершенствования и упорного труда.[1] Государство не способно самостоятельно в отрыве от гражданского общества справиться с данной проблемой, носящей системный характер.

В процессе формирования новых элит должны участвовать общественные организации, институты гражданского общества, способные вести работу в направлении развития программ молодых лидеров. К примеру, в Республике Таджикистан с 2010 года функционирует общественная организация «Пешрафт» («Прогресс»), ориентированная на поиск и поддержку талантливых школьников из неблагополучных семей, а также на создание общественного тренда и популяризации тематики взаимоподдержки и благотворительности в сфере образования. Задачей ОО «Пешрафт» является поддержка государства в процессе образования квалифицированных кадров, настроенных на работу на благо своей страны. Интересным является тот факт, что ОО «Пешрафт», в отличие от большинства неправительственных организаций на территории Республики Таджикистан, не имеет никакой зарубежной поддержки. Бюджет организации формируется за счет пожертвований граждан РТ в благотворительных программах и программах социальной ответственности местных частных компаний. В попечительский совет ОО «Пешрафт» входят знаменитые музыканты, молодые успешные таджикистанцы, которые могут служить примером и социальным ориентиром для молодого поколения.

Идеи политического элитизма, согласно которым функцию управления обществом должны выполнять избранные, лучшие из лучших, аристократы, появились еще в глубокой древности. Наиболее четко эти идеи прослеживаются в работах Конфуция, Платона, Макиавелли, Карлейля, Ницше. Но серьезного социологического обоснования эти идеи еще не получили. Как определенная система взглядов элитарные теории были сформулированы в конце XIX – начале XX века в работах итальянских мыслителей Гаэтано Моска (1858-1941),

---

[1] Султанов А.Ш. Двигатель прогресса. Журнал «VIPzone» N4/2013, стр. 28-30

Вильфреда Парето (1848-1923) и немецкого социолога Роберта Михельса (1878-1936).[1]

Г. Моска политическую элиту называл политическим классом и выявил два пути его формирования: аристократический – когда элита стремится стать наследственной, если не юридически, то фактически. Примером могут служить дворянские династии или наследственность в Палате лордов в Парламенте Великобритании. До реформы 1999 года все светские лорды – их насчитывалось порядка 700 человек – были, за некоторым исключением, наследственными пэрами по праву рождения и носили титулы графа, маркиза, герцога, виконта или барона. Акт о Палате лордов 1999 года установил, что отныне наследственные пэры должны избираться, и сократил их число до 92 человек.

Второй путь формирования элиты, согласно Г. Моска, – это демократическая тенденция, выраженная в обновлении политического класса за счет наиболее способных к управлению и активных низших слоев. Равновесие между аристократической и демократической тенденциями наиболее желательно, ибо оно обеспечивает как преемственность и стабильность в руководстве страной, так и его качественное обновление.[2]

Другой политолог В. Парето в начале XX века, продолжая теорию Г. Моска, предложил разделить элиту на правящую, непосредственно активно участвующую в управлении, и «неправящую – контрэлиту» – людей, обладающих характерными для элиты качествами, но не имеющих доступа к руководству из-за своего социального статуса или положения.

Правящую элиту Парето предложил разделить на два типа по характеру и методам их деятельности: на «лис» (гибких руководителей, использующих «мягкие» методы руководства – переговоры, дипломатию, подкуп, уступки, лесть, убеждения и т.п.) и «львов» (жестких и решительных правителей, опирающихся преимущественно на силовые методы управления и устрашение масс). Постоянная смена одной элиты другой обусловлена социальной динамикой

---

[1] Пугачев В.П., Соловьев А.И., Введение в политологию. М.2007 стр.24-27
[2] Пугачев В.П., Указ соч. стр.45-48

общества. Каждый тип элиты обладает определенным преимуществом и недостатками, которые постепенно перестают соответствовать потребностям общества. Поэтому обеспечение равновесия социальной и политической системы требует постоянной замены одной элиты другой. В случае отсутствия этого движения, государство будет обречено на стагнацию и деградацию.

В. Парето считал, что постоянная смена и циркуляция элит позволят понять историческое движение общества, которое предстает как история постоянной смены аристократий: их возвышений, властвования, упадка и замены новым правящим привилегированным меньшинством.

Демократическая тенденция реализуется посредством включения в состав правящего класса лучших представителей из класса управляемых, что предотвращает дегенерацию элиты. Оптимальное сочетание этих двух тенденций наиболее желательно для общества, т.к. позволит обеспечить преемственность и стабильность в руководстве страной и качественное обновление правящего класса.

Р. Михельс исследовал социальные механизмы, порождающие элитарность общества, и пришел к выводу, что сама организация общества требует элитарности и закономерно воспроизводит ее. В обществе действует «железный закон олигархических тенденций».[1]

Правящая элита имеет преимущества перед рядовыми членами: она в большей степени обладает навыками политической борьбы, имеет превосходство в знании и информации, осуществляет контроль над формальными средствами коммуникации. Рядовые члены организации недостаточно компетентны, информированы и зачастую пассивны. Правящая элита постепенно выходит из-под контроля своих рядовых членов, отрывается от них и подчиняет политику собственным интересам, заботясь о сохранении своего привилегированного положения. В результате, согласно Михельсу, даже демократической организацией реально правит олигархическая группа, члены которой не уступают

---

[1] Грачев М.Н., Мадатов А.С. Демократия: методология исследования, анализ перспектив М.: Изд-во «АЛКИГАММА», 2004. стр.128

свою власть массам, передавая ее другим лидерам. Во всех партиях независимо от их типа «демократия ведет к олигархизации».

Это закономерность развития политической организации. Олигархизация означает, что власть в организации концентрируется в руках руководящего аппарата, происходит снижение роли рядовых членов организации в принятии решений. Увеличивается разница между интересами и идейной позицией руководителей и членов партий с преобладанием интересов руководящего звена.

По существу, Р. Михельс сформулировал одну из первых концепций бюрократизации правящей элиты.[1]

Процесс формирования политической элиты Республики Таджикистан характеризуется рядом особенностей, соответствующих историческому пути и сложному периоду гражданской войны и миротворческого процесса. В результате утраты власти «лисами», к ним на смену пришли «львы», однако позиция силы и устрашения имеет определенный срок действия. К примеру, нынешняя власть в предвыборной риторике использует эффект устрашения и сравнительное напоминание о жестокостях Гражданской войны 1992-1997 годов. Однако большинство населения страны младше 25 лет, и в их сознании гражданская война утратила роль сдерживающего и устрашающего фактора. Следовательно, для успешной работы с новым поколением электората стратегию «львов» необходимо последовательно заменять стратегией «лис».

В Советском Союзе наиболее талантливые представители таджикской элиты, продвигаясь по службе, уезжали работать в Москву – в центральные органы союзного управления. Существовала целая система отбора кадров, начиная со школьной скамьи и формирования кадрового резерва в рамках партийной номенклатуры.

Вместе с обретением независимости в стране начался процесс формирования новой политической элиты, на первом этапе проходившей в период Гражданской войны 1992-1997 годов. Ведущей тенденцией в

[1] Грачев М.Н., Мадатов А.С. Демократия: методология исследования, анализ перспектив М.: Изд-во «АЛКИГАММА», 2004. стр.128

формировании новой элиты стала региональная структуризация. В политической жизни стали выделяться группы выходцев из южных, северных областей и из столичного региона. Это во многом обусловлено тем, что с поражением советского строя в Таджикистане не оказалось новой мощной силы (класса, социальной группы), которая смогла бы исполнить роль республиканского социального лидера, способного сформировать собственную политическую элиту. Процесс формирования политической элиты также осложняется, несмотря на значительный плюрализм, отсутствием в стране сильных, влиятельных политических партий, пользующихся массовой поддержкой населения.

Н.А. Бердяев в своих трудах считает, что природа создала всех индивидов с разными способностями и стартовым потенциалом, несмотря на усилия государства по обеспечению всех разными возможностями, естественным является тот факт, что кто-то из них приходит к финишу в числе первых. На основе этого убеждения Бердяев вывел «коэффициент элиты», как отношение высокоинтеллектуальной части населения к общему числу грамотных.

По мнению Бердяева, коэффициент элит, составляющий свыше 5%, означает наличие в обществе высокого потенциала развития. Как только этот коэффициент опускался до 1%, империя прекращала существование, наблюдались застой и стагнация общества. Сама же элита превращалась в закрытую деградирующую и вырождающуюся касту.

Широкое распространение и популярность в современном мире нашли теории демократического элитизма, исходящие из понимания демократии как конкуренции лидеров за электорат.

В современном Таджикистане, помимо регионализма, сохранились критерии отбора кадров сверху по советской системе: партийная, личная преданность вышестоящему руководству, угодничество, подхалимаж, родственные связи, показной активизм и т.п. Это привело к тому, что на руководящие посты попадали работники, не способные на инициативу. Принимая во внимание низкий уровень заработных плат чиновников и коррупционную составляющую, новая политическая элита в большей степени пополнялась за счет непрофессионалов, видящих в занятии руководящих должностей лишь личную выгоду.

Глава II. Республика Таджикистан: становление государственности и процесс определения национальных интересов

2.1. Формирование государственности: особенности и характерные черты развития

Республика Таджикистан, согласно Конституции страны, – суверенное, демократическое, правовое, светское и унитарное государство[1]. Конституция Республики Таджикистан, принятая 6 ноября 1994 года, является основным законом, регулирующим и утверждающим права граждан.

Республика Таджикистан как независимое государство образовалось 9 сентября 1991 года, в результате распада СССР. Политика Республики Таджикистан как социального государства направлена на создание условий, обеспечивающих достойную жизнь и свободное развитие человека. Носителем суверенитета и единственным источником государственной власти Таджикистана является народ, который составляют граждане Республики Таджикистан, независимо от национальности, пола и вероисповедания.

По административному делению Республика состоит из Горно-Бадахшанской автономной области, Сугдской и Хатлонской областей, городов и районов республиканского подчинения. Столица Таджикистана – город Душанбе.

Высшим представительным и законодательным органом является Маджлиси Оли – Парламент Таджикистана, состоящий из двух палат. Таджикистан – президентская республика, где глава государства – президент, являющийся одновременно и главой правительства, – избирается путем прямого всенародного голосования. Государственная власть в Республике Таджикистан основывается на принципе её разделения на законодательную, исполнительную и судебную.[2]

Республика Таджикистан за годы после обретения независимости прошла сложный и тернистый путь, который был связан с внутриполитическим

---

[1] Конституция Республики Таджикистан, Душанбе, 2003, ст.1.
[2] Конституция Республики Таджикистан, Душанбе, 2003, ст.5.

противостоянием, переросшим в гражданскую войну, трудными поисками мира и достижения общенационального согласия.

Немало усилий потребовалось для формирования институтов власти молодого государства, подготовки и проведения парламентских выборов, принятия новой конституции страны, введения национальной валюты, осуществления экономической реформы и социальных преобразований.

В молодом государстве сразу же после обретения независимости разразилась крупномасштабная гражданская война, которая привела к многочисленным человеческим жертвам и материальным потерям. Только экономический ущерб, по подсчетам экспертов составил более 7 млрд долларов США, число убитых превысило 100 тыс. человек, число перемещенных и беженцев достигло одного миллиона человек[1].

Республика Таджикистан с первых дней провозглашения своей независимости как суверенное государство стремилась органично войти в международное сообщество, активно приступила к формированию и осуществлению своей внешней политики, установлению и развитию отношений с иностранными государствами и международными организациями.

В идеологическом направлении развития государственности ключевую роль сыграла политика лидера нации, Президента Республики Таджикистан Эмомали Рахмона. Согласно исследованию Эрики Марат «Национальные идеологии и формирование государственности Республики Таджикистан и Киргизстан», проведенному в 2008 году в Институте изучения Центральной Азии и Кавказа, финансируемом шведским агентством по международному развитию и Сотрудничеству, за период его правления следует выделить три основные классификации идеологической политики: тема Зороастрийского наследия, Арийская цивилизация и культ Исмаила Самани.

Ключевую роль сыграла арийская тематика, консолидировавшая нацию в противовес всех соседних тюркских государств накануне президентских выборов

---

[1] Tajikistan. Ten years of independence,-London, 2001, p.96

2006 года, а также создавшая возможность внешнеполитического маневра. Идеология «арийства» опиралась на историческую исключительность таджикской нации и культурное превосходство над другими государствами региона. Кроме того, научное «Арийство» противопоставлялось исламской идеологии и неформально давало европейский вектор развития.[1]

Несмотря на то, что научное обоснование исторической связи жителей Таджикистана с теорией переселения древних ариев подвергается сомнениям, Президент Республики Таджикистан Эмомали Рахмон издал под своим именем научный труд и активно использовал в своих речах данную тематику, кроме того, в сентябре 2006 года прошло масштабное празднование «арийства», сравнимое с празднованиями и установкой памятников эпическому герою Манасу в Кыргызстане, организованными Президентом Республики Кыргызстан Аскаром Акаевым в преддверии выборов.[2]

Также, как и главы большинства других стран, лидер таджикской нации провозглашает, что именно Таджикистан находится на перекрестке мировых цивилизаций и имеет уникальную историю и национальную идентичность. Эта линия прослеживается во многих трудах, изданных под авторством Э. Рахмона и разработанных группой историков и идеологов. Аналогичная ситуация наблюдается в большинстве постсоветских государств за прошедшие годы новой независимости. Национальный лидер формирует государственную идеологию и устанавливает ее символы, прежде всего, для укрепления легитимности власти. Процесс распространения и укрепления идеологии среди масс гарантировал лояльность на всех уровнях управления, так как чиновники отвечали за распространение данных идеологий в массах под знаком патриотизма.

Роль языка и культуры в становлении государственности имеет огромное значение. Кроме того, на постсоветском пространстве национальный язык и культурные особенности часто противопоставлялись советской культуре,

---

[1] Рахмон Э.Ш., Таджики в зеркале истории. От арийцев до Саманидов. Лондон-Душанбе.2002. стр.124
[2] http://yordam.manas.kg/ekitap/pdf/Manasdergi/sbd/sbd22/sbd-22-12.pdf

русскому языку и советской номенклатуре чиновников. В первые годы независимости рост национального сознания сопровождался резким переходом к использованию национального языка, без проведения должной подготовки и поэтапного перехода. Например, в Республике Таджикистан заседания в госучреждениях стали проводиться на таджикском языке, что вызвало определенные проблемы у чиновников другой национальности, еще не успевших овладеть таджикским языком. Несмотря на то, что русский язык согласно Конституции является языком межнационального общения, за прошедшие годы наблюдается уменьшение его роли в общественной жизни.[1]

В 2007-2009 годы в российско-таджикских отношениях наступил период охлаждения двухсторонних отношений и появления целого ряда проблем. Пик пришелся на осень 2009 года: в качестве ответа на непоследовательность позиции Москвы и поддержку российской стороной интересов Ташкента в вопросе строительства Рогунской ГЭС Президент Республики Таджикистан Э. Рахмон принимает новый закон о языке, лишающий русский язык статуса межнационального.

1 октября 2009 года нижняя палата парламента, а 3 октября верхняя палата приняли новый закон о государственном языке (против голосовала лишь фракция коммунистов). 6-7 октября закон был подписан Президентом Э. Рахмоном и вступил в силу. В соответствии с новым законом, переписка с органами государственной власти должна вестись только на государственном языке – таджикском; ранее такая возможность предусматривалась и на русском; в новом законе за русским языком не предусматривается статус языка межнационального общения, хотя он сохраняется в Конституции.[2] Правда, закон предусматривает, что «другим нациям и народностям, проживающим в стране, создаются условия для свободного выбора языка обучения». В марте 2010 года парламент принял закон об отмене обязательной публикации нормативно-правовых актов на русском.

---

[1] Конституция Республики Таджикистан, Душанбе, 2003,ст.3
[2] Эгамзод М. Мифы и факты о русском языке в Таджикистане, Centrasia.ru 2009, URL: http://www.centrasia.ru/newsA.php?st=1258544820 (Дата обращения: 12.01.2012)

В 2009 году власти Таджикистана разорвали соглашение с Всероссийской гостелерадиокомпанией (ВГТРК) о ретрансляции единственного телеканала РФ, который вещал на территории республики в метровом диапазоне. «РТР-Планета» оставался последним российским телеканалом, вещавшим на всю территорию Таджикистана. Вещание канала «ОРТ» (нынешнего «Первого канала») было прекращено еще в 1997 году. По данным Минобразования Таджикистана, в стране в настоящее время насчитывается 17 общеобразовательных школ с русским языком обучения, в то время как в советский период их число составляло около 100.

В то же время большая часть городского населения, бизнес, индустрия развлечений, творческая интеллигенция активно используют русский язык в быту и профессиональной деятельности. Следует отметить значительные связи в гуманитарной и экономических сферах со странами СНГ, что способствует развитию русского языка. Кроме того, из-за спада национального кинематографа и отсутствия качественного таджикского телевидения по-прежнему в кино и на телевидении широкой популярностью пользуется русский язык.

В 2011 году Таджикистан и Россия приняли решение открыть информационно-культурные центры соответственно в Душанбе и Москве.

Следует подчеркнуть, что 9 июня 2011 года был принят законопроект, который вернул русскому языку прежний статус «языка межнационального общения». Таким образом, русский язык имеет статус языка межнационального общения и используется в законотворческой деятельности.

Президентом Эмомали Рахмоном издан специальный Указ об обязательном изучении в школах русского языка.

Бытовой таджикский язык, являясь родственным персидскому фарси и афганскому дари, значительно насыщен заимствованными словами из русского языка. В то же время за период независимости Республики Таджикистан заметно возросло влияние персидского языка, а также произошла замена русскоязычных заимствований персидско-арабскими эквивалентами. Персидский язык претерпел значительные изменения за период исламской революции, увеличилось количество арабских заимствований.

В результате, государственные СМИ и официальные документы используют литературный таджикский язык, насыщенный персидско-арабскими заимствованиями, в том числе и в целях сокращения использования русскоязычных слов. Использование государственного языка стало обязательным критерием государственной деятельности, занимающей основную часть общественной жизни страны.

За период 1991-2012 годов государство вело последовательную политику, направленную на рост национального чувства таджиков, подчас забывая о многонациональном составе народов, населяющих Республику Таджикистан. Вероятно, данная политика была оправдана тем, что новому государству было необходимо закрепить символы государственного суверенитета, такие как самобытная культура и язык. Аналогичная ситуация наблюдалась даже в значительно более многонациональной Российской Федерации, ведущей идеологию моноэтничного государства.

Каждый гражданин Республики Таджикистан обязан знать государственный язык. Органы государственной власти, органы самоуправления поселков и сел, а также юридические лица, независимо от организационно-правовых форм, обязаны создавать благоприятные условия для изучения государственного языка и совершенствования его знания работниками. Государственный язык применяется во всех сферах политической, социальной, экономической, научной и культурной жизни Республики Таджикистан. Все нации и народности, проживающие на территории Республики Таджикистан, вправе свободно пользоваться своим родным языком, за исключением случаев, предусмотренных настоящим Законом.

Несмотря на активную политику в сфере укрепления позиций таджикского языка, проводимую государством, спрос на обучение студентов в российских вузах только растет. Так, в одном из интервью министр образования Республики

Таджикистан Абдуджаббор Рахмонов заявил: «В 2011-2012 учебных годах Таджикистан получил более 1 тыс. квот на бесплатное обучение своих студентов в вузах Российской Федерации. В 2010-2011 годах таких квот было предоставлено 900» Более того, господин Рахмонов также сообщил, что в 2012-2013 учебном году 15 граждан Таджикистана обучаются в Турции, 89 – в Китае, по 50 человек – в Белоруссии и на Украине, 100 человек – в Казахстане, еще 28 – в Киргизии. «За счет бюджета Евросоюза 15 студентов у нас обучаются в Италии, Франции, Швейцарии, Германии и Швеции», – отметил А. Рахмонов. Министр подчеркнул, что все эти студенты обучаются за счет бюджетов стран, куда они направлены, а таджикское образовательное ведомство оплачивает им дорогу, а также выплачивает стипендию.[1]

Образование в российских вузах и по сей день является очень популярным и престижным среди таджикских студентов. Ежегодно тысячи выпускников школ сдают экзамены, чтобы получить квоту на обучение в вузах России.

Одной из характерных черт развития Республики Таджикистан является несостоятельность экономической политики государства, в связи с приоритетом идеологии по удержанию власти и отсутствием сбалансированной стратегии долгосрочного развития государства.

При анализе результатов экономической политики, принимая во внимание разрушительные последствия гражданской войны, за основу берется 1999-ый год, как точка отсчета стабильного развития и год провозглашения первого идеологического проекта 1100-летия династии Саманидов. С этого момента по 2012 год, согласно данным Всемирного Банка, Республика Таджикистан по объему ВВП опустилась с 138-го места на 143-е по сравнению с 1999-ым годом. Этот факт говорит о том, что темпы роста экономики Таджикистана не соответствовали общемировым темпам роста, несмотря на то, что 48% ВВП составляют денежные переводы мигрантов и в страну продолжает поступать

---

[1] Гафуров В., Более 1 тыс. таджикских студентов обучаются в Российских вузах// Студенческая правда - сетевой журнал.2012 URL: http://www.spravda.ru/news/17154.html (дата обращения: 24.04.2013)

помощь зарубежных доноров. В то же время следует отметить значительный объем средств, обращающихся в теневом секторе экономики, коррупцию и оффшорное структурирование ряда компаний, в том числе и главных государственных активов. В частности, оффшорная схема работы Таджикского алюминиевого завода «ТАЛКО» не уплачивающего налоги и потребляющего половину электроэнергии в стране с энергодефицитом. Кроме того, можно привести пример оффшорного структурирования компании по обслуживанию главной транспортной артерии страны, платной дороги с севера на юг, компании Innovative Road Solutions, имеющей налоговые льготы и бенефициаров, проживающих в Республике Таджикистан. [1]

Другими словами, концепции энергетической независимости и реализации дорожно-транспортного потенциала, провозглашенные одними из основных приоритетов развития экономики Республики Таджикистан, в немалой степени связаны с вышеприведенными оффшорными компаниями, деятельность которых зачастую подвергается критике в средствах массовой информации и среди рядового населения Таджикистана.

---

[1] Кужеков Ж.
URL: http://rus.azattyq.org/content/dushanbe_paid_roads_djamollidin_nuraliev/2102615.html (дата обращения: 21.10.2012)

2.2. Процесс формирования и перспективы развития гражданского общества в Таджикистане.

Процесс формирования гражданского общества в современном Таджикистане имеет большое количество наслоений различных идеологий и событий. К примеру, важную роль в сознании сыграл факт Афганской войны (1979-1989 годов) и участие Советского Союза в ней. Кроме того, для понимания структуры современного гражданского общества Республики Таджикистан необходимо изучить период внутритаджикского конфликта, переросшего в гражданскую войну (1991-1997 годы).

С 1955 года Советский Союз начал активную политику участия в развитии Афганистана, все начиналось с предоставления кредитов, строительства заводов и поставок вооружений. Апофеозом стала Апрельская революция и разгоревшаяся в Афганистане гражданская война 1978 года, в ходе которой насильственным методом пришел коммунистический строй, столкнувшийся с исламской оппозицией. В Афганской политике СССР дискредитировал себя непоследовательностью, тяжелым поражением и неудачным опытом идеологической борьбы, что оставило след в сознании представителей Таджикской Республики, соседствующей с Афганистаном и имеющей с ним историко-культурную и этническую общность. Сложно давалось воевать таджикским солдатам против единоверцев и представителей своей нации. Данный пример хорошо иллюстрирует пересечение и противоречие идеологии простой жизни обычных людей. Опыт Афганской войны отложился в сознании таджикского общества.

С начала 80-ых годов на территории Таджикистана появились ячейки исламских группировок, сеть частных закрытых медресе в сельской местности. Участились факты распространения запрещенной литературы из Пакистана и Саудовской Аравии. В таджикском обществе муссировалась тема Афганского противостояния, в том числе предпринимались попытки его осуждения через призму идеологического столкновения ислама и коммунизма.

На волне «перестройки» в 1989 году в парламенте принимается Закон о государственном статусе таджикского языка. Это событие в свою очередь объединило группу радикалов, сторонников данного закона в противовес аппаратчикам, чиновникам советской номенклатуры. Радикалы создали движение «Растохез» («Возрождение»), на начальном этапе в их состав входили представители творческой интеллигенции, патриотически и националистически настроенные представители рабочих, крестьянства и духовенства.

Лидеры исламских сил Таджикистана во многом имели схожие взгляды с рядом экстремистских организаций из других стран. К примеру, в статье Саида Абдулло Нури и М.Х. Химматзода (лидеров партии исламского возрожения – ПИВТ) исламское общество определяется примерно так же, как в работе идеолога «Братьев-мусульман» Сайида Котба «Маалим фи ат-тарик» («Вехи на пути»).[1]

Нахдатистам, как и «Братьям-мусульманам», присущи тенденции экстремизма, изоляционизма. Экстремизм проявляется в их непримиримости к иноверцам, в распространении ислама в «неисламских странах» мира насильственными методами, а изоляционизм – в стремлении обособить себя от всего неисламского мира, замкнуться в исламском обществе.[2] Примером изоляционистской политики фундаменталистов могут служить их лозунги «Долой Америку!», антирусские, антиармянские, антиузбекские выступления и т.д.

В феврале 1990 года у здания ЦК Компартии Таджикистана представителям радикалов удалось собрать группу людей и создать провоцирующую ситуацию, придумав историю о передаче квартир армянским беженцам. В результате произошло столкновение с митингующими, пытавшимися захватить здание ЦК, что привело к гибели 17 человек. В ответ исламисты организовали массовые беспорядки и погромы, было нарушено движение общественного транспорта, имели место избиение русскоязычного населения. Почти три дня город был в руках демонстрантов.

---

[1] Котб С., Маалим фи ат-тарик. Каир, 1961. С. 120-121
[2] Котб С., Указ соч. стр.123-124

Положение компартии серьезно пошатнулось, первый секретарь ЦК партии был вынужден уйти в отставку. Однако оппозиции не удалось одержать победу на выборах 1991 года.[1] Это было связано, прежде всего, с тем, что оппозиция не смогла выдвинуть какую-либо реальную легитимную программу переустройства общества, а активизация исламских экстремистов испугала многих избирателей.

В то же время идеологический вакуум способствовал расколу общества на различные группировки, действовавшие в соответствии со своими региональными, политическими и религиозными интересами. Выборы еще больше разъединили людей.

Исламская оппозиция призывала к переустройству общества методом изоляционизма и джихада против неверных. В программе партии и заявлениях ее руководителей до начала войны не было призывов к джихаду. Но после того как разразилась война, призыв к джихаду у нахдатистов стал основным средством мобилизации населения. Призыв к джихаду, возможно, не дал бы желаемого результата, если бы не региональный фактор. Формально по своим целям и задачам фундаменталистская ПИВТ не была региональной. В ней участвовали представители многих областей. Но в силу того, что в ее составе и, особенно, в руководстве преобладали представители гармо-каратегинской общины, она защищала, главным образом, интересы этого региона. Во всяком случае, борьба ПИВТ против коммунистического правления шла параллельно с борьбой памиро-каратегинской общины против ленинабадского руководства.

Не успел новоизбранный Президент Рахмон Набиев прийти к власти, как в январе 1992 года начались митинги, переросшие в столкновение двух площадей. Площадь «Шахидон», представлявшая оппозицию, в основном религиозных лидеров, спонсируемых Ираном и Саудовской Аравией через Афганистан. Площадь «Озоди» представляла сторонников президента и действующей власти, поддерживаемых Узбекистаном и Российской Федерацией. Оппозиция имела

---

[1] Poliakov, Sergei P. (1992). Everyday Islam: Religion and Tradition in Rural Central Asia. London: M. E. Sharpe.

значительное внешнее финансирование и вооружение. По улицам Душанбе маршировали вооруженные люди. Проблемой Набиева было отсутствие армии, способной противостоять вооруженной оппозиции, поэтому из числа локальных авторитетных групп формируется и вооружается президентский батальон, на основе которого был создан народный фронт во главе с Сангаком Сафаровым. В июне 1992 года данный конфликт из политического противостояния перетекает в открытое военное столкновение. Из идеологической борьбы конфликт перерастает в религиозное, а затем и региональное столкновение. В региональном противостоянии представители Куляба, Гиссара и Севера противостояли Гарму и Памиру. В конце октября стало ясно, что оппозиция не в силах удержать власть военным методом. В целях примирения было решено провести 16-ю сессию Верховного Совета, на которой с оппозицией было достигнуто формальное согласие. Следует отметить, что политический аспект превратился во второстепенный, хотя оппозиция все еще использовала политические лозунги. Превращение политического противостояния в региональное было неизбежно. Во-первых, основной состав руководства новых партий и движений комплектовался на базе выходцев из одного региона. Более 90% руководства и членов Партии исламского возрождения Таджикистана (ПИВТ) по происхождению жители Каратегина и Гарма, особенно долины Вахьо, проживавшие затем в Курган-Тюбинской области.[1]

Почва для усугубления проблемы регионализма в таджикском обществе готовилась в течение длительного пребывания в руководстве республики группы людей из одного региона. Ориентация «центра» на кадры из Ленинабада вполне объяснима и имеет исторические корни. Во-первых, Север Таджикистана был и остается самым развитым в экономическом плане регионом республики, во-вторых, тесная связь северных районов с Россией имеет давнюю историю: еще до победы советской власти в Таджикистане ходжентская (ленинабадская) группа районов входила в состав России.[2] На протяжении нескольких десятилетий все

---

[1] Ахмедов С., Конфликты в Таджикистане: причины и последствия. 2005. [Электронный ресурс] URL: http://poli.vub.ac.be/publi/etni-1/akhmedov.htm (дата обращения: 23.11.2012)

ключевые посты от Первого секретаря ЦК до директоров перспективных заводов, секретарей райкомов, обкомов, председателей исполкомов крупных районов – занимали представители Севера. Лишь несколько должностей сохранялось за Югом. Более 95% центрального аппарата ЦК, Совета министров, министерств, руководителей вузов и Академии наук составляли северяне. В престижные и центральные вузы республики поступали в основном абитуриенты с Севера.[1] Существовали негласные привилегии для северян-выпускников вузов. Все это, разумеется, постоянно подогревало недовольство представителей остальных районов.

Кулябский и Гиссарский регионы по своим этнокультурным чертам ближе к гармо-каратегинскому региону, нежели к северному, но в нынешних событиях выступает против Гарма и Каратегина, в поддержку Ходжента. На президентских выборах кулябцы проголосовали за Набиева, а в трудное для него время с оружием в руках защитили его. Права исследовательница Александра Луговая, считающая, что для многих местных аналитиков и сейчас остается загадкой, почему вслед за «богатым Ходжентом» Президента Набиева поддерживал самый обездоленный в экономическом отношении Куляб.[2]

Видимо, причиной тому явились просоветские настроения населения Куляба, его боязнь создания исламского государства, а также существующие религиозные противоречия между гармо-каратегинским и кулябским регионами. Кроме того, следует отметить внешний фактор поддержки и не следует переоценивать региональный фактор во власти на тот период, так как с приходом к власти Народного фронта во главе с Президентом Эмомали Рахмоновым, до 70% управляющей элиты все еще составляли представители Севера. В то же время потеря власти Севером была справедлива и легко прогнозируема. Ситуация была обусловлена отсутствием военного и геополитического потенциала для отпора вооруженной оппозиции на юге страны (в силу географического

---

[2] http://poli.vub.ac.be/publi/etni-1/akhmedov.htm

[1] Луговая А. Политический кризис в Таджикистане был неизбежен // Таджикистан в огне. Душанбе: Ирфон, 1994. стр.169.

[2] Луговая А., Указ соч., стр.170

положения и компактности проживания), дискредитацией из-за своего привилегированного положения со стороны «Центра» на протяжении 70-ти лет, а также отставкой двух северных президентов в течение двух лет – К. Махкамова и Р. Набиева.

Проблема регионализма осталась в сознании народа и отражена в современной структуре гражданского общества, в котором 85% ведущих позиций в руководстве страны занимают представители Куляба и Гиссара. Более того, наблюдается дальнейшее отдаление представителей Севера от власти.

Отчасти антитюркский элемент современной идеологии, а также празднование 2700-летия города Куляб в 2006 году во многом способствовали развитию нового видения соотношения региональных групп и дальнейшему росту регионализма.

Следует отметить схожий путь развития гражданского общества в большинстве постсоветских государств (Таджикистан, Узбекистан, Азербайджан, Туркмения, Казахстан) ввиду общего наследия постсоветской ментальности и характерных восточных особенностей.

Характерные особенности постсоветской восточной модели правящей власти:

- сосредоточение власти и всех крупных экономических активов страны в руках одного лидера или семьи;

- превалирующая роль государства и власти над всеми представителями негосударственных структур и креативным классом в общественной жизни страны;

- отсутствие оппозиции или ее формальное присутствие;

- большая часть новостного поля, рекламные площади на улицах связаны с личностью и деятельностью лидера страны.

К примеру, в Азербайджанской Республике с приходом нового лидера, сына Гейдара Алиева – Ильхама Алиева, политическая власть лидера ослабла, но это не способствовало формированию гражданского общества.[1] Это произошло по причине оставшейся у власти команды бывшего президента страны, имеющей значительное влияние и авторитет, в особенности, учитывая культурную особенность почитания старших на Востоке. Формирование влиятельных олигархических групп вокруг лидера создает крайне сложные условия для консолидации власти и контроля, в то же время способствует развитию коррупции, сосредоточению всех экономических благ в руках приближенной группы людей и тормозит развитие гражданского общества.

Джон Локк, родоначальник классического либерализма, активно используя понятие гражданского общества, провозглашает в определенной мере его примат перед государством. По утверждению Дж. Локка государство возникает только тогда, когда в обществе возникает в этом потребность.[1]

Представляется, что превалирующая роль правящей власти в общественной жизни государств свидетельствует о начальном этапе формирования основ гражданского общества.

Основой общества, в том числе и гражданского общества, Локк считает собственность. По нему политическая власть понимается, как право людей создавать законы для регулирования и сохранения собственности. Поэтому государство и политическая власть – не вечные атрибуты общества, а возникают лишь на определенном этапе развития гражданского общества, когда у членов общества возникает в этом необходимость. Для постсоветских стран значительная роль государства в данный исторический период связана с устойчивой моделью права для регулирования и сохранения собственности.

В разных сферах общественной жизни постсоветских государств наблюдается схожий процесс.

В экономической сфере – такие структурные элементы: негосударственные предприятия и объединения, кооперативы, коллективные хозяйства.

---

[1] Коэн Ариель, США, страны Центральной Азии и Кавказа: проблемы и перспективы взаимоотношений // Центральная Азия и Кавказ №2 (8) 2000

[1] Медведев А. Г., Дж.Локк - основоположник теоретической системы либерализма// KM.ru. 2007. URL: http://www.km.ru/referats/106B8D4E63794C6285A018D5BD3137E1 (дата обращения: 23.02.2013)

Экономические атрибуты гражданского общества – естественная интеграция, конкуренция, свободные рыночные отношения; государство контролирует коммерческие предприятия через соответствующие проверяющие органы и имеет жесткие механизмы рыночного регулирования, следует учитывать наличие коррупции.

В социальной и духовной сферах государство стремится регулировать деятельность негосударственных предприятий, религиозных учреждений, образовательных учреждений. К примеру, в Республике Таджикистан школьникам и студентам запретили посещать курсы обучения, проводимые иностранными и негосударственными организациями, запрещается посещение мечети несовершеннолетним и представителям женского пола. Кроме того, имеют место факты цензуры в СМИ и в пространстве Интернет, блокирования социальной сети Фейсбук и ряда других сайтов в глобальной сети Интернет.

В политической сфере – создаваемые по необходимости политические партии, общественно-политические организации, клубы. Это борьба за соблюдение демократических принципов, традиций и процедур.

Ввиду короткой истории развития новой государственности Республики Таджикистан в данный исторический период в обществе отсутствует зрелая элита, способная представить устойчивую альтернативу нынешней власти; одной из причин отсутствия смены поколений является гражданская война, унесшая из жизни немало молодых политически активных лидеров, которые к настоящему времени могли бы стать зрелой политической силой.

Таким образом, гражданское общество это – цивилизованный, самодеятельный и полноправный гражданин; формирование гражданского общества связано с формированием идеи индивидуальной свободы, самоценности каждой личности; возникновение гражданского общества обусловило разграничение прав человека и прав гражданина, права человека обеспечиваются гражданским обществом, а права гражданина – государством; в гражданском обществе упраздняется единство политики и религии, политики и идеологии и утверждается раздвоение общественного и частного, общества и государства, права и морали.

Постсоветские государства по причине незрелости и неустойчивости механизмов взаимодействия общественных отношений на данный период переживают этап формирования основ гражданского общества, что выражено в развитии блогосферы, социальных медиа и других методов самовыражения.

Отсутствие исторического опыта государственного управления создало предпосылки формирования системы «одного лидера». С одной стороны, данная модель несет за собой риски неустойчивости системы перед внешними угрозами, тормозит развитие идеологических основ и национальной идеи, так как направлена на удержание и сохранение власти, нежели на развитие и прогресс. С другой стороны, данная система создает условия стабильного роста и устойчивости в период формирования и укрепления основ гражданского общества, основы правовых отношений и закрепления модели регулирования частной собственности.

За последние годы в Таджикистане произошли важные события в идеологическом направлении деятельности государства. Следует отметить то, что Ислам из гоняемого органами и оппозиционного государству во всей Центральной Азии, в Республике Таджикистан приобрел легальную государственную форму ханифизма, неслучайно Республика Таджикистан является единственной страной постсоветского пространства, где в составе парламента уже многие годы представлена исламская партия.

Важным подтверждением позиций правительства и идеологическими символами являются две большие стройки – возведение самой большой мечети и самой большой гидроэлектростанции.[1] Тем более значимы амбиции гигантизма данных символов. Строительство идет как в физическом, так и в духовно-идейном плане.

---

[1] Бегматов М., В Таджикистане началось строительство самой большой мечети в ЦА// Ховар.2012. . [Электронный ресурс] URL: http://khovar.tj/rus/archive/16817-v-tadzhikistane-nachalos-stroitelstvo-samoy-bolshoy-mecheti-v-ca-foto.html (дата обращения: 24.12.2012)

Роль идеи или идеологии для любой социальной группы сложно переоценить. Из недавнего прошлого постсоветских республик, до сих пор использующих инфраструктуру, построенную по принципу пятилеток, на голой идее и энтузиазме, многие народы добивались значительных, а порой и исторических результатов. Наглядным примером могут служить советский опыт по идеологической работе и пропаганде, продемонстрированный в течении XX века его противникам. В особенности, в период Второй мировой войны и «холодной войны» удалось на деле показать важнейшую роль и силу идеологии, борьбы в информационном пространстве, а также значительные возможности государственной пропаганды. Существование такой нации, как «американцы», является идеальной иллюстрацией роли идеологии, роли идеи. Именно за идею и умение её донести Президент Барак Обама получил Нобелевскую премию.

Самое важное условие реализации любой идеи – чтобы народ поверил в нее, в то, что это действительно будет «работать». К примеру, для Таджикистана цель достижения энергетической независимости на сегодня является наиболее подходящей основой для формирования на её базе национальной идеи. Другие альтернативные варианты – идея возвышения арийского прошлого, религиозные и языковые факторы, прочая историческая ностальгия, – гиперпопулярные в данный момент, как говорится, «не кормят» и далеки от имеющихся реальных проблем страны.

Другое дело, является ли вопрос достижения энергетической независимости достаточно важным и фундаментальным для придания ему статуса национальной идеи. Прежде всего, нужно понимать ключевую роль инфраструктуры для любого развития и, как было отмечено выше, политическое значение единения нации. Безусловно, энергетическая независимость и, как следствие, промышленное и экономическое развитие будут способствовать расширению возможностей для внешнеполитического маневра в региональной системе. Все взаимосвязано в работе организма страны, и отсутствие достаточного питания не даст возможности нормально развиваться и обречет страну на отсталость не только экономическую, но и, как следствие, морально-нравственную.

Работы многочисленных зарубежных исследователей повторяют одну важную истину: наши мысли и идеи всегда материализуются, если в них верить всем сердцем и не давать место сомнениям.

История подтверждает, что идея может сплотить вокруг одной цели целые народы. Когда в Таджикистане развернулась широкая кампания по привлечению народных средств для покупки акций на строительство Рогунской ГЭС, то наряду с многочисленными одобрениями, некоторыми открыто высказывались недоверие и сомнения в целевом расходовании средств, в прибыльности или возвратности номинала облигаций, так как в РТ нет рынка ценных бумаг. Тем не менее, акции активно покупались среди населения, потому что идея народной стройки по настоящему затронула массы и народ в нее поверил.

Можно и нужно открыть веб-проект, интернет-страницу, которые помогут обеспечить прозрачность освоения средств и представить детализацию процесса строительства для всего народа. Посредством обновляемого в режиме реального времени интернет-сайта каждый человек бы знал и мог сам проследить, как и на что расходуются его личные средства. Ведь не секрет, что появление помпезных особняков чиновников вызывает у населения немало сомнений касательно целевого использования выделяемых средств.

Идея может сплотить и многочисленные быстрорастущие зарубежные сообщества таджиков по всему миру. Главное – создать условия, вызывающие доверие граждан и придать данному проекту правильный идеологический окрас. Дивидендами же будут не только электроэнергия, но и куда более важные доверие к власти и вера народа в светлое будущее – это и есть основная задача, инструментом достижения которой является национальная идея или государственная идеология.

С другой стороны, сложно разъяснить и довести до масс, что такое национальная идея и идеология государства в условиях, когда основная часть населения живет в тяжелых условиях сельской местности, когда половина населения страны получила образование после 1991 года, каждый второй младше 25 лет, некоторые не умеют ни читать, ни писать. В то же время история показывает, что чем ниже уровень грамотности и урбанизации, чем моложе население, тем легче и эффективнее реализуется любая идеологическая акция, в том числе и национальная идея.

2.3. Мировые державы и их воздействие на ситуацию в странах и регионах. Роль и место международных организаций

На протяжении всей истории Центральная Азия была яблоком раздора и местом столкновения интересов мировых держав. Со времен Великого Шелкового Пути, завоеваний Александра Македонского, персидско-арабского противостояния, монгольского нашествия, борьбы Российской и Британской империй данный регион был «шахматной доской» для ведущих мировых игроков.

В Республике Таджикистан особое внимание придается региональной значимости реализации гидроэнергетического и транзитного потенциала Таджикистана на примере строительства Рогунской ГЭС и новых дорог. В частности, был сделан акцент на активную поддержку Душанбе инициативы, объявленной Хилари Клинтон в июне 2011 года, названной проектом «Нового Шелкового Пути». Данный проект регионального развития подразумевает трансформацию Афганистана в международный транзитный перекресток, куда входит целый ряд инфраструктурных проектов в центральноазиатском регионе, в их числе и проект CASA-1000 – строительства высоковольтной линии электропередачи между рядом государств. Кроме того, в рамках данной концепции планируется активизация регионального взаимодействия стран ЦА – Афганистана – Индии – Пакистана – Китая.

Еще в 2009 году Российская Федерация представила к рассмотрению концепцию Нового Среднего Востока. Заслуживает внимания анализ данной концепции сквозь призму национальных интересов Республики Таджикистан.

После провала американского проекта «Большого Ближнего Востока»[1], а также появления концепции «Большой Центральной Азии»[2] по предложению ряда политологов Российской Федерации, в том числе С. Лузянина[3] и

---

[1] Gilbert Achcar, (2004). Greater Middle East: the US plan", Le Monde diplomatique, English language edition.

[2] S. Frederick Starr. (July/Aug. 2005). A Partnership for Central Asia, Foreign Affairs, vol. 84, no. 4.P164-178

[3] Лузянин С.Г. Восточная политика Владимира Путина. Возвращение России на "Большой Восток" (2004-2008 гг.), М,2009. Стр.123

Ю. Крупнова[1] была выдвинута концепция «Нового Среднего Востока». Если концепция «Большого Ближнего Востока» говорит о распространении модели демократии в регионе в сочетании с борьбой с экстремизмом и созданием условий для реализации энергетического потенциала, то концепция Нового Среднего Востока делает упор на стабилизацию обстановки и усиление интеграционных процессов путем создания общего рынка, акцентируя внимание на «экспорте развития».

В итоге, шаблонность и стереотипность подхода предопределили провал американского проекта «Большого Ближнего Востока». При рассмотрении проблем Нового Среднего Востока следует избегать однобокого видения с позиции глобальных интересов лишь одного государства. Также перед тем, как распространять модель развития, необходимо определить интересы, позиции самих участников, учесть их заинтересованность в данной модели.

Прежде всего, следует уточнить круг национальных интересов и внешнеполитических приоритетов Республики Таджикистан в столь важный переломный момент в мировой истории. К ним относятся: достижение энергетической независимости, углубление региональной интеграции, разминирование границ, участие в крупных региональных коммуникационных проектах. Также надо учитывать развитие конкурентных преимуществ Таджикистана: транзитного потенциала страны, использование уникальных водных, гидроэнергетических и рекреационных ресурсов, использование трудового потенциала, создание условий для добычи редких полезных ископаемых.

Если рассматривать концепцию Нового Среднего Востока сквозь призму национальных интересов Республики Таджикистан, то очевидно, что Таджикистан крайне заинтересован в реальном углублении интеграционных процессов, в создании общего рынка, в формировании единого геополитического

---

[1] Крупнов Ю.В., Новый Средний Восток. Санкт-Петербургский центр изучения современного Ближнего Востока //Centrasia.ru.2008 URL: http://www.centrasia.ru/newsA.php?st=1226918880 (дата обращения 25.01.2013)

и социокультурного пространства в Центральной Азии и, безусловно, – в стабильности на территории всего Нового Среднего Востока. Кроме того, необходимо учитывать, что исторически, со времен Великого Шелкового Пути территория современного Таджикистана всегда играла важную роль, как поле экономического и политического взаимодействия между народами Нового Среднего Востока.

Так как Новый Средний Восток представляет собой мусульманские государства, то Ислам и мусульманское единство потенциально могут стать консолидирующими факторами и единой региональной идеологией, поскольку конфессиональная идентичность имеет большое значение в сознании обитателей этого пространства. Однако и в Исламском мире имеется фактор соперничества разных течений. На этом фоне Саудовская Аравия, Турция и Иран ведут борьбу за лидерство в Исламском мире и борьбу за влияние в регионе, также наблюдается соперничество последних двух на Южном Кавказе, сложился комплекс отношений, основанных на геополитическом партнерстве: Иран – Армения – Россия, Турция – Азербайджан – НАТО.

Регион Нового Среднего Востока представляет огромный интерес с точки зрения запасов и транзита углеводородных ресурсов. На примере спонсированного США трубопровода Баку – Джейхан и ныне лоббируемого НАБУККО мы видим, насколько обострилась конкуренция в данном направлении. Введение единого тарифа на экспорт газа странами ЦА в Россию и последовавший газовый конфликт с Украиной показали, что газовая монополия России является приоритетным направлением в системе ее национальных интересов. Данная позиция существенно расходится с национальными интересами некоторых Центральноазиатских стран, стремящихся к гарантированной стабильности за счет диверсификации партнеров. Недавние газовые противоречия Ирана и Туркмении, Таджикистана и Узбекистана наглядно проиллюстрировали роль энергетических ресурсов в системе современных международных отношений.

Необходимо в равной степени принимать во внимание сложные структурные особенности и интересы всех участников интеграционных процессов. Именно конфликт интересов может послужить одним из основных препятствий на пути реализации концепции, поскольку конфликтная база внутри и на границах региона представляет собой угрозу глобального масштаба, включая наркоугрозу и терроризм, исходящие от Афганистана как фактор дестабилизации региона. В ближайшее время запланирована встреча между генеральными секретарями НАТО и ШОС, что является позитивным сигналом признания плюрализма подходов разрешения проблем Афганистана, а именно реализации решений Душанбинского саммита 2008 года, затрагивающих проблемы Афганистана.

Кроме того, не меньшую угрозу представляет ядерный потенциал самой густонаселенной страны региона – Пакистана в условиях неспособности стабилизировать внутриполитическую обстановку Президентом Зардари, учитывая разрастающийся пакистано-индийский конфликт и афгано-пакистанские противоречия в районе дислокации талибов по линии Дюранда.

В то же время дестабилизирующим фактором является идеологическое противостояние Ирана с Западом; вокруг этого государства в мировой политике периодически создается конфронтационная обстановка и искусно нагнетаемая напряженность, что подрывает имидж страны, как респектабельного партнера в глазах мировой общественности.

Нагнетаемые извне противоречия среди центральноазиатских государств и на Южном Кавказе создают сложную структуру переплетения интересов и конфронтаций.

На этом фоне крайне актуальными становятся решения и предложения встречи 10-го Саммита Организации Экономического Сотрудничества в Тегеране, а также подписание ряда коммуникационных соглашений между Ираном, Афганистаном и Таджикистаном, что иллюстрируют на практике все приоритеты региональной интеграции в рамках Нового Среднего Востока.[1]

Консолидирующим началом ОЭС являются общие корни, общее наследие, культурно-историческое и условное этноконфессиональное единство между народами, населяющими все страны-члены этой организации. Перспективы деятельности и потенциал развития данной молодой организации напрямую соответствуют тем положениям представленной концепции Нового Среднего Востока, которые отвечают национальным интересам Республики Таджикистан.

В то же время на постсоветском пространстве, несмотря на значительное количество интеграционных организаций (ШОС, ЕврАзЭС, СНГ, ОДКБ) и активное взаимодействие между странами, мы видим, что на практике отношения между государствами продолжают строиться преимущественно на двухсторонней основе, по принципу «центр – республика», с позиции учета национальных интересов лишь первого. К сожалению, приходится констатировать огромный разрыв между многочисленными заявлениями, договоренностями и конкретными действиями в рамках деятельности данных организаций. Минные поля и крайне строгий визовый режим между некоторыми из стран-членов – прямое этому доказательство. Президент Узбекистана Ислам Каримов в своем недавнем заявлении открыто указал на «продолжение политики разделяй и властвуй». Мнение Президента Д. Медведева, высказанное в ходе визита в Ташкент, и заявления российских политологов о том, что «водно-энергетическая проблема Центральной Азии неразрешима без участия России», значительно усилили нарастающее напряжение. [1]

В рамках представленной концепции среднеазиатские государства выступают лишь в роли проводников политики или инструмента одного из государств, при этом в меньшей степени учитываются интересы самих участников интеграционных процессов.

Сама концепция послужила ответом на неудавшуюся доктрину, предложенную идеологами предыдущей администрации США, ныне

[1] Саммит ОЭС в Тегеране: еще одна единая валюта?// Риа Новости. 2009. URL: http://ria.ru/analytics/20090312/164609997.html (дата обращения 07.04.2013)

[1] Чоршанбиев П., Сами разберемся?//Centrasia.ru. 2009. URL: http://www.centrasia.ru/newsA.php?st=1236318780 (дата обращения: 24.05.2013)

пересматриваемую бессменным идеологом демократов З. Бжезинским. Последний всегда делал акцент на том, что историческая неспособность Центральной Азии выступать в роли центра независимой силы, создает вакуум силы на этом геополитическом пространстве. При заполнении данного вакуума геополитическое положение региона создает предпосылки для его эффективного использования в качестве плацдарма для влияния на ключевые силы Евразии.

За последние годы мы видим, что несмотря на устремления стран к росту интеграции и взаимодействия для нахождения общего знаменателя для всех участников игры, происходит нагнетание обстановки и рост военных расходов. Военные расходы Китая и России удвоились за последние два года, с севера – Россия (более 50 млрд долл.), с востока – Китай (около 70 млрд долл.), с запада – НАТО (Турция с 30 млрд долл. военного бюджета является одной из самых милитаризованных стран региона), с юго-востока – Индийский ядерный потенциал.

Для многих концепция Нового Среднего Востока видится лишь как инструмент в руках России для её выхода к «южным морям» и её самоутверждения в роли континентальной супердержавы, поскольку речь идет об «экспорте развития».

Важно подчеркнуть, что Таджикистан с точки зрения данной концепции, в литературе часто называется «подбрюшьем»[1], и, уже находясь в сфере непосредственного геополитического влияния России, может быть использован в качестве плацдарма для реализации данной концепции. Кроме того, Средний Восток все чаще называется зоной ответственности России и Китая, а не как потенциальный независимый центр силы. Даже само определение «Центральная Азия» или «Большая Центральная Азия» было предложено западными политологами[2], на что российские политологи предложили уже не «периферийно-подбрюшную роль», а среднюю, «Среднюю Азию» и «Новый Средний Восток».

---

[1] Леонов Н., Военный кулак США в подбрюшье России.//Российская Федерация сегодня. 2007. N21(5)

[2] Стар Ф.,В защиту «Большой Центральной Азии»//Экономические стратегии - Центральная Азия,2008. №4

Продолжается становление Коллективных Сил Операционного Реагирования ОДКБ, направленных на поддержание лояльных режимов и отражение общей внешней угрозы. Приняты соглашения о размещении российских ПРО в Белоруссии и выводе американской базы «Манас» из Кыргызстана.

Все это, как и сама Концепция Нового Среднего Востока, является свидетельством возрождения во внешней политике России амбиций не только на газовую монополию, но на углубление стратегического влияния на постсоветском пространстве и в граничащих регионах при условии укрепления партнерства в рамках БРИКС.

Следует констатировать, что вектор столкновений интересов вокруг региона сужается и нагнетается, в конечном итоге это может спровоцировать внутренний конфликтный потенциал, что свидетельствует об острой необходимости внутрирегиональной интеграции, по примеру ОЭС.

Для Таджикистана сегодня на Среднем Востоке наряду с вопросами безопасности, не менее важно углубление интеграции в рамках стран-участниц ОЭС с восстановлением исторических торговых путей и созданием условий для транзита энергоносителей на пространстве Великого Шелкового Пути, при условии сохранения плюрализма взглядов и диверсификации внешних партнеров. Кроме того, важна перспектива реализации потенциала стран-участниц для формирования на пространстве ОЭС независимого центра силы и отхода от роли «зоны влияния», либо «зоны ответственности».

2.4. Республика Таджикистан в системе современных международных отношений. Внешнеполитические приоритеты Республики Таджикистан

Внешняя политика, решая задачи обеспечения международных отношений, неразрывно связана с внутренней политикой государства. Взаимодействие в треугольнике отношений США – Россия – Китай остаются самым главным приоритетом во внешней политике Республики Таджикистан. Россия, несмотря на периодические охлаждения в двухсторонних отношениях, остается ключевым стратегическим партнером, что было подтверждено подписанием и ратификацией договора о продлении договора о пребывании в Таджикистане российской 201-ой мотострелковой дивизии до 2042 года.

Несмотря на сближение контактов с США, все же в отношениях с данным государством остаются культурно-ментальные различия, обусловленные непониманием механизма работы восточного государства со стороны заокеанских партнеров.

. Взаимоотношения с Китаем укрепляются большим объемом кредитных поступлений на строительство инфраструктуры, а также подписанием в 2012 году договора о режиме государственной границы, по которому Китаю отошло 1100 квадратных километров приграничной территории.

В числе последних значительных событий во внешней политике следует отметить официальное вступление Республики Таджикистан в ВТО.

«Основой нашей внешней деятельности, – подчеркивает Президент страны Э.Ш. Рахмон, – является политика " открытых дверей ", готовность к сотрудничеству со всеми субъектами международных отношений на основе уважения общепринятых международных норм и принципов»[1].

Академик Т.Н. Назаров, многие годы возглавлявший Министерство иностранных дел страны, подтверждая открытость внешней политики Таджикистана, отмечает: «Мы стараемся установить добрые отношения со всеми государствами,

[1] Послание Президента Республики Таджикистан Э.Ш. Рахмонова Парламенту страны «Таджикистан и современный мир», Душанбе, 2003, с.14

которые проводят такую же политику по отношению к нам. Мы исходим из того, что, чем шире политические контакты, экономическое сотрудничество, культурный и информационный обмен между странами, тем больше между ними взаимопонимания».[1]

В настоящее время 147 стран мира признали независимость Республики Таджикистан, укрепляются международные контакты Таджикистана на уровне двусторонних связей, Республика Таджикистан установила дипломатические отношения с 128 странами, которые являются политическими и экономическими партнерами, Таджикистан активно включен в международные структуры, сегодня он является членом 36 международных организаций.[2]

Наиболее ёмкое и точное определение целей внешней политики Таджикистана дано в выступлении Президента Республики Таджикистан Э.Ш. Рахмона 15 марта 2013 года на встрече с дипломатическими работниками страны по случаю открытия нового здания МИД Таджикистана: «В процессе формирования и развития Таджикистана как суверенного независимого государства значительную роль играет его внешняя политика. Конкретные исторические условия зарождения и развития нашей суверенной страны, характер и содержание международного развития на стыке двух веков естественным образом определили особое значение внешнего фактора в жизни нашего государства, а также неразрывную связь внутреннего развития с международными реалиями. В настоящее время мы находимся в условиях, когда глобализация как доминирующий фактор эволюции мира, может создать с одной стороны, огромные возможности для экономического и технологического развития и вообще прогрессивного продвижения стран, но, с другой, она может усилить противоречия в политических, экономических, культурно-нравственных сферах, сделать ещё более разительной социальное неравенство среди людей и усугубить духовный кризис мирового сообщества. В этих условиях внешняя

---

[1]Назаров Т.Т. Наша политика – политика открытости//Огонек, спецвыпуск, ноябрь1996,стр25-26

политика Таджикистана должна иметь прагматическое и реалистичное содержание и способствовать последовательному достижению национальных и государственных целей страны».[1]

Исходя из этого, можно выделить следующие основные направления внешней политики страны:

- обеспечение защиты суверенитета, безопасности, территориальной целостности, неприкосновенности границ Республики Таджикистан, её политических, торгово-экономических и иных интересов на международной арене[2];

- создание благоприятных внешних условий для поступательного развития Республики, подъёма её экономики, повышения уровня жизни населения, проведения демократических преобразований, укрепления основ конституционного строя, соблюдения прав и свобод человека;

- с учетом национальных приоритетов обеспечение интересов Республики в отношениях с иностранными государствами и международными организациями, формирование на этой основе партнёрских и союзнических отношений, способствующих улучшению международного взаимодействия;

- всесторонняя защита и охрана прав и интересов граждан Республики Таджикистан и ее организаций за рубежом.

В целом, анализируя внешнюю политику Республики Таджикистан, необходимо отметить, что в последнее время ее отличительной чертой стала многовекторность с отказом от примата какого-либо государства во внешней политике страны. Это проявилось в формировании курса на интеграцию «Арийской тройки», а также в укреплении таджикско-китайских отношений. Таджикистан поддержал инициативу Казахстана об углублении центральноазиатской интеграции. Республика Таджикистан стремится к многовекторной внешней политике. Активизировались контакты с исламским миром, деятельность в рамках ОИК, двусторонние контакты и официальные визиты.

---

[1] Выступление Президента РТ Рахмона Э.Ш. по случаю открытия нового здания МИД// официальный сайт: МИД РТ. 15.05.2013 URL: http://mfa.tj/index.php?node=article&id=548 (дата обращения 01.04.2013)
[2] Сборник Постановлений Республики Таджикистан, Душанбе, 1995, стр. 135

Расширение и углубление двусторонних отношений с зарубежными странами в немалой степени зависит от наличия дипломатических представительств, функционирующих в Таджикистане. Открытие дипломатических представительств зарубежных стран в Республике Таджикистан позволяет не только поддерживать интенсивные межгосударственные связи, но и обеспечивать расширение всестороннего сотрудничества в области экономики, культуры и науки, оперативно доводить до стран-партнеров и международных организаций объективную и более полную информацию о Таджикистане. В двустороннем сотрудничестве внешняя политика направлена на установление равных отношений со всеми странами, в то же время «допускается наличие соответствующих приоритетов для стран, адекватно сотрудничающих с Таджикистаном»[1].

В данном контексте следует выделить в качестве наиболее приоритетного сотрудничество Таджикистана со своим давним стратегическим партнером Российской Федерацией. Принципиальная и чёткая позиция Таджикистана в этом отношении выражена в выступлении Президента Республики Таджикистан Эмомали Рахмона 15 марта 2013 года на встрече с дипломатическими работниками страны: «Таджикистан ещё с XIX века находится с Россией в едином геополитическом, политическом и торгово-экономическом пространстве. Активизация связей с Россией на основе равенства, взаимной выгоды и стратегического партнёрства в сферах политической, военной, торгово-экономической деятельности, предпринимательства, трудовой миграции, культуры, науки, образования и других и сегодня отвечают национальным интересам Республики Таджикистан, являясь важным фактором региональной безопасности. Наша страна не забыла важнейшую позитивную роль России в преодолении внутреннего конфликта в Таджикистане и установлении мира и стабильности на нашей земле. Мы и впредь будем укреплять наши связи во всех сферах сотрудничества. И, естественно, прежде всего, в области экономики»[2]

---

[1] Пресс-конференция минестра иностранных дел РТ Назарова Т.Н.//официальный сайт:МИД РТ. 19.07.05 URL: http://mfa.tj/index.php?node=article&id=16www.mid.tj (дата обращения 01.03.2013)
[2]http://mfa.tj/index.php?node=article&id=548

В то же время, хотя двусторонние отношения с Российской Федерацией остались приоритетными, в последние годы появился ряд проблемных вопросов – прежде всего по трудовой миграции, размещению в РТ Российской военной базы, а также участию РФ в реализации важнейших энергетических проектов в Таджикистане, в том числе в строительстве Рогунской ГЭС.

В период переосмысления и формирования нового миропорядка, отвечающего вызовам современности, ряд центральноазиатских стран находится на стадии закрепления системы координат своего внешнеполитического курса, соответствующего меняющимся реалиям. В этой связи важно выявить характерные особенности многовекторности как базового элемента нынешней внешней политики центральноазиатских стран, так называемой восточной дипломатии, поскольку все пять центральноазиатских стран (даже Туркменистан) официально объявили курс на многовекторность. Данная тема очень популярна и часто муссируется в СМИ, однако в научных кругах «многовекторность» все еще не получила фундаментального научно-теоретического обоснования, что создает предпосылки для использования данного термина в самых различных контекстах и популистских высказываниях.

Дискуссия по поводу появления самого термина «многовекторность» ведется и по сей день, в этой связи чаще всего называются два имени – З. Бжезинского и Н. Назарбаева. Существуют самые разные оценки данного явления от хвалебных отзывов самих центральноазиатов, до резко критичных оценок со стороны некоторых аналитиков, временами «многовекторность» сравнивают с «политическим шантажом», напоминающим лавирование между внешними игроками и создание искусственной конкурентной среды.

Прежде всего, необходимо закрепить понимание многовекторности во внешней политике государств как объективную реальность современных международных отношений и избегать оценки указанного явления через призму морали и нравственности. Исходя из этого, мнения некоторых экспертов, в частности А. Куртова об «азиатской хитрости»[1] и многовекторной политике «слизывания карамелек с ладоней сверхдержав», как «следствие следования их кочевой традиции», или А. Князева о «многовекторности как элементарной проституции»,[1] с учётом реалий, для центральноазиатских стран выглядят неубедительными. Эту ситуацию хорошо иллюстрирует всем известная истина: «В большой политике нет друзей – только интересы». Поэтому в иерархии системы внешнеполитических приоритетов государств над всеми преимуществами и искушениями стратегического партнерства, «вечного братства» и единого внешнеполитического приоритета всегда стоят национальные интересы и национальная безопасность.

Постсоветская Центральная Азия и сегодня – "terra incognita" для многих, даже хорошо информированных зарубежных экспертов. И пресловутая «закрытость» восточных обществ – далеко не единственная тому причина. Есть и другие, не менее существенные факторы, и прежде всего – переплетение традиций – советских, исламских, региональных, нередко маскирующихся одна под другую и создающих впечатление закрытой сложной ментальности.

Важно отметить, что характерные особенности восточной многовекторной политики сформировались под влиянием как внешних, так и внутренних факторов. Среди внутренних факторов можно выделить:

- особенности восточной культуры и менталитета, среди многих положительных черт которого имеют место и такие негативные, как чинопочитание и чрезмерное почитание власть имущих, необязательность и излишняя многословность;

- особенности восточных режимов, такие как восточный стиль управления, его закрытость, долгосрочность проводимого им курса;

- значительная роль лидера, как главного идеолога и внешнеполитического актора, особенности восточной дипломатии;

---

[1] Омаров М.Н., Многовекторность не проституция, а средства выживания Кыргызстана в современном безжалостном мире//Аналитика Кыргызстана. 2008. URL: http://www.easttime.ru/analitic/3/4/532.html (дата обращения: 10.09.2012)

[1] Князев А., Так называемая «многовекторность» - это элементарная проституция// Фергана ньюс. 2008 URL: http://www.fergananews.com/article.php?id=5916 (дата обращения: 10.09.2012)

- рост этносознания и незрелость системы общественных отношений;

- состояние поиска новой идеологии в условиях постсоветского идеологического вакуума;

- а главное – особенности межличностного общения на Востоке, которые оказывают прямое влияние на внутриполитические и как следствие, на внешнеполитические процессы.

Необходимо отметить, что вышеперечисленные факторы характерны практически всем новым независимым государствам постсоветского пространства, поэтому с точки зрения уровня политической культуры даже находящиеся ближе к Западу Россию, Украину и Белоруссию также можно отнести к Востоку.

Анализируя внешние факторы явления многовекторности государств ЦА, необходимо рассматривать их через призму истории. Центральноазиатский регион, наряду с Балканами, исторически не выступал в роли центра силы, чаще являясь полем борьбы внешних сил, поэтому внешние силы всегда боролись за увеличение своего присутствия и влияния, соответственно у народов региона сохранялся и закреплялся «комплекс сателлита». О вакууме силы и исторической неспособности ЦА выступать в роли центра силы говорит З. Бжезинский в своей работе «Великая шахматная доска».[1] Именно эти исторические предпосылки в сочетании с культурными особенностями и сегодняшними реалиями создают картину восточной многовекторности.

Страны Центральной Азии за 22 года строительства национальной государственности сформировали внешнюю политику, которая не может быть сведена к одному или даже нескольким векторам. Она останется многовекторной из-за фундаментальных факторов – географии и истории.

Центральная Азия сегодня комплексно включает в себя как восточные, так и западные ценности и особенности менталитета – восточную хитрость и мудрость в сочетании с западным рационализмом и сухим расчетом. Сегодняшняя

---

[1] Бжезинский З., Великая шахматная доска. Москва 1998

восточная «многовекторность» берет корни именно от этих двух начал, в корреляции которых она и зародилась. В иллюстрацию хотелось бы привести слова одного из самого цитируемого великого мирового мыслителя, олицетворяющего собой многогранную культуру Востока, Омара Хайяма:

«Для того, кто за внешностью видит нутро,

Зло с добром – словно золото и серебро

Ибо то и другое – дается на время,

Ибо кончатся скоро и зло и добро»[1]

Существует множество мнений, объясняющих многовекторность как необходимую меру, однако следует признать, что сегодня многовекторность является неотъемлемой частью восточной политической культуры, которая не приемлет строгого блочного разделения, деления на «хороших» и «плохих», на «своих и чужих». Продолжительность системы и восточное представление о бесконечности времени ставят первостепенным приоритетом долгосрочные интересы, не имеющие постоянных внешних координат, так как они кажутся слишком переменчивыми и краткосрочными.

Ярким примером многовекторности является внешнеполитический курс Республики Кыргызстан. Несмотря на решение руководства о закрытии американской военной базы, на территории Кыргызстана в 30 километрах друг от друга будут находиться военные базы США (Манас) и России (Кант).

На фоне окончательного формирования многовекторности продолжается самоидентификация Таджикистана как неотъемлемой части Исламского мира. Президент Эмомали Рахмон пытается разрешить противоречия между традиционным Исламом и ростом этносознания путем их объединения в рамках традиционного ханафитского Ислама, получившего статус государственного масхаба.

Поиск идеологии в процессе становления новых центральноазиатских государств играет значительную роль и в проводимой ими внешней политике, тем

---

[1] Хайям О., Рубаи, Анима, 2008. стр.57-58

самым способствуя формированию их многовекторной политики.

Кроме того, необходимо отметить, что в условиях мирового финансового кризиса данный внешнеполитический курс выступает в роли стратегии выживания. Поэтому многовекторность в политике центральноазиатских государств все чаще выступает как гарантия их национальной безопасности, а также гарантия международного признания легитимности существующей власти, нежели осознанный курс на диверсификацию и укрепление самых различных направлений внешнеполитического партнерства для извлечения конкурентной выгоды и развития международных связей и политического имиджа страны в мире. Все это вызвано рядом вышеуказанных внешних и внутренних факторов, в том числе и тем, что в сравнении с другими постсоветскими государствами страны Центральной Азии имеют меньшее пространство для маневра, прежде всего, из-за своей отдаленности от центра политической жизни и транспортно-коммуникационной изоляции.

В целом, обобщая и подводя итог изложенному, можно прийти к следующему выводу:

Из плацдарма геополитических столкновений и инструментального использования в интересах отдельных стран макрорегион должен перейти в состояние ядра центральноевразийского общего рынка и площадки диалога укорененных здесь цивилизаций и народов, что достижимо только путем создания условий для внутрирегиональной интеграции.

В столь важный переломный момент мировой истории, в эру мирового финансового кризиса, в период переосмысления и формирования нового миропорядка, отвечающего вызовам современности, Республика Таджикистан находится на стадии закрепления системы координат своего нового внешнеполитического курса. При рассмотрении текущего внешнеполитического курса, прежде всего, необходимо учитывать внешнюю среду и интересы других стран в Таджикистане и в регионе Центральной Азии, а также проследить связь между внешнеполитическими и внутриполитическими процессами.

Следует выделить целый ряд событий, затрагивающих в последние годы внешнеполитические процессы вокруг Таджикистана и имеющих прямую и косвенную связь с внутриполитическими процессами.

Прежде всего, необходимо отметить очередное «похолодание» в отношениях с Республикой Узбекистан. Несмотря на последовавшие шаги к налаживанию диалога (в частности, была проведена первая межправительственная комиссия за последние семь лет) и попытки призвать мировое сообщество повлиять на неоправданно недружественную политику Ташкента, население имело возможность почувствовать данное «похолодание» на себе: в связи с частыми отключениями узбекского газа и жестким ограничением его подачи более трети всех предприятий страны полностью не работают в зимнее время. С этим пришло глубокое понимание острой необходимости скорейшего достижения своей энергетической независимости.

Эта ситуация, а также появившаяся отчужденность России к Таджикистану после визита Д. Медведева в Ташкент в 2009 году послужили причиной, переосмысления отношений с Российской Федерацией, после чего последовал визит Эмомали Рахмона в Москву, что в определенной мере восстановило традиционно дружеские таджикско-российские отношения и послужило поводом для заявления Каримова о «продолжении Москвой политики разделяй и властвуй».[1] На данном фоне нельзя не отметить факт приостановки вещания официального ВГТРК «РТР» на территории Таджикистана по причине пересмотра договора о предоставления частот таджикской стороной.

Однако истоки такой политики России в отношениях со странами Центральной Азии исходят из стремления сохранения роли монополиста на газовом рынке, а также важности увеличения российского военного присутствия для укрепления регионального влияния. Неслучайно визит Д. Медведева в Ташкент последовал сразу после попытки сближения Узбекистана с ЕС и его

---

[1] Ашуров К.Т., Заявление Каримова должно быть подкреплено делом// Азия плюс.2013. URL: http://news.tj/ru/news/politiki-zayavlenie-karimova-dolzhno-byt-podkrepleno-delom (дата обращения: 07.04.2013)

выхода из ЕврАзэс, а также в период продвижения проекта НАБУККО и разжигания газового конфликта между Россией и Украиной.[1] Заявление спецпредставителя Европейского Союза (ЕС) по странам Центральной Азии Пьера Мореля «о нерациональности строительства крупных ГЭС» в ходе его визита в Республику Таджикистан заставляет задуматься о приоритетах и истинных интересах ЕС в регионе.[2] Сегодня, в условиях кризиса, Россия теряет 3,5 млрд долл. в год за сохранение своей монопольной газовой роли в регионе. Кроме того, выделение кредита Кыргызстану за вывод Американской базы из Манаса говорит о возросшем интересе к региону и важности наращивания военного присутствия под эгидой учений КСОР и ШОС, которые проходят на фоне вывода войск из Афганистана и проведения учений НАТО на территории Грузии. Все это свидетельствует о нагнетаемой обстановке, с непредсказуемым исходом для «многовекторных стран», поскольку они все чаще выступают в роли объекта международных отношений.

В последнее время Эмомали Рахмон совершил ряд визитов в страны Европы, посетил высшие органы ЕС, НАТО и ряд прибалтийских государств, что можно рассматривать как одну из первых таджикских попыток «прорубить окно в Европу». Тем самым более ясные очертания получил европейский вектор внешней политики Таджикистана.

Нельзя не выделить ряд инициатив на встречах ОЭС в Тегеране и Баку, подписание соглашений по строительству общих коммуникационных сообщений между Ираном, Афганистаном и Таджикистаном на встрече в Мазари-Шарифе, договоренность, достигнутая 22 марта 2013 года в Ашхабаде о строительстве железной дороги между Туркменистаном, Афганистаном и Таджикистаном.[3] Большой ресурс и приоритет развития сотрудничества имеется в рамках ОЭС как

---

[1] Узбекистан вышел из ЕврАзэс по его не эффективности// Риа новости. 2008. URL: http://ria.ru/politics/20081113/154962672.html (дата обращения: 01.02.2013)
[2] Панфилова В., Брюссельский рецепт для Душанбе//Независимая газета. 19.01.2010. URL: http://www.ng.ru/cis/2010-01-19/1_dushanbe.html (код доступа 28.12.2012)
[3] Рустамов Э., Президент Таджикистана примет участие в саммите ОЭС в Баку// news.az-информационное агентство.15.10.2012. URL:http://1news.az/politics/20121015025338292.html (дата обращения: 10.01.2013)

потенциально нового независимого центра силы.

Визит Президента Рахмона в декабре 2012 года в Турецкую Республику также говорит о важности углубления сотрудничества с одним из ключевых участников данной организации и важным внешнеторговым партнером Таджикистана.[1] Необходимо отметить возросшую роль данной страны в мировом сообществе.

В последние годы турецкие власти стараются позиционировать себя, если не в качестве лидера Мусульманского мира, то как минимум, в качестве посредника между Западом и Мусульманским миром. Ярким примером были возражения Анкары против назначения датского премьера Андерса Фога Расмуссена на пост генсека НАТО из-за того, что он три года назад не извинился за публикацию карикатур на пророка Мухаммеда в датской газете.[2] А также Давосский демарш Эрдогана против Израиля.

Можно сказать, что обладающая второй по величине армией стран-членов НАТО, Турция может потенциально стать проводником новой политики ЕС и США в Центральной Азии, при условии продвижения ею проекта НАБУККО и увеличения не только военного, но и экономического присутствия Турции в Афганистане. Об этом говорят многие американские политологи, отмечая, что состоявшийся визит Б. Обамы в Турцию является началом реализации новой концепции администрации США в отношении стран Ближнего Востока и Центральной Азии. Однако в Турецком обществе последнее не приветствуется. Кроме того, Азербайджан, ключевой проводник НАБУККО, в обиде на Турцию за сближение с Арменией.

После известных заявлений о «перезагрузке», нужно отметить ряд событий, имеющих для России принципиальное значение: размещение ПРО в Белоруссии, вывод американских баз из Манаса, формирование и учения КСОР,

---

[1] Ашуров К., Рахмон прибыл с официальным визитом в Турцию. В программе- участие в церемонии «Шаби Арус»// Центр Азия.15.12.2012. URL: http://www.centrasia.ru/newsA.php?st=1355553840 (дата обращения 23.12.2012

[2] Козин И., Турция может заблокировать кандидатуру Расмуссена на пост генсека НАТО// РИА новости. 2009. URL: http://ria.ru/world/20090328/166270189.html (дата обращения: 23.12.2012)

сохранение газовой монополии в Центральной Азии (за исключением Ирано-Туркменских торговых отношений), на этом фоне наблюдается попытка сближения США с Мусульманским миром. В связи с чем, уместно привести слова господина Барака Хусейна Обамы в выступлении в Парламенте Турции: «У меня есть родственники мусульмане, и я имею глубокое понимание и уважение к данной религии».

Необходимо подчеркнуть возросшую роль официального Душанбе, как участника международной жизни после успешного проведения целого ряда саммитов.

Следует выделить инициативы Эмомали Рахмона касательно водной дипломатии, Президент Таджикистана является инициатором провозглашения Международного года пресной воды в 2003 году, Международного десятилетия действий «Вода для жизни», 2005-2015 гг. и Международного года водного сотрудничества в 2013 году. По инициативе Республики Таджикистан, согласно резолюции Генеральной Ассамблеи ООН 20-21 августа 2013 года в столице Республики Таджикистан городе Душанбе прошла Международная конференция высокого уровня по водному сотрудничеству.[1]

Важно отметить, что за последние годы внешняя политика Таджикистана обрела новые очертания, которые сочетают в себе «политику открытых дверей», «многовекторность», недавно пришедшие «рационализм» и «реализм», а также «инициативность».

Можно предположить, что в новых условиях Китай станет одним из главных внешнеэкономических, а возможно, и политических партнеров Центральной Азии. Тем самым здесь возрастет роль китайского вектора в сочетании с возрастающим энергетическим интересом ЕС и увеличением военного присутствия Российской Федерации.

---

[1] Приглашение Премьер-Министра Республики Таджикистан Акила Акилова Председателя организационного комитета// Официальный сайт Международной конференции высокого уровня по водному сотрудничеству.2013. URL: http://www.hlicwc.org/ (дата обращения: 01.04.2013)

Неслучайно в своём выступлении на встрече с дипломатическими работниками страны 15 марта 2013 года Президент Э.Ш. Рахмон подчеркнул: «Дальнейшее развитие отношений добрососедства, дружбы и взаимовыгодного сотрудничества с нашим великим соседом – Китайской Народной Республикой – является одной из важнейших задач внешней политики Республики Таджикистан в азиатском направлении.

Активизация отношений во всех сферах отвечает интересам не только Таджикистана и Китая, но и укреплению мира и стабильности всего региона, и мы в дальнейшем будем целенаправленно продвигать этот процесс как стратегическое направление нашего сотрудничества».[1]

Происходящие преобразования в общественно-политической и социальной жизни Таджикистана и возникновение новой геополитической картины в мире и в регионе выдвигают необходимость конкретизации целей, задач и направлений внешней политики Таджикистана. В этой связи Президентом страны поручено Правительству, в том числе Министерству иностранных дел разработать и представить на утверждение проект новой Концепции внешней политики государства, в котором определить основные цели и направления внешней политики Таджикистана.

---

[1] Таджикистан - лидер в управлении водными ресурсами в Центральной Азии// Официальный сайт МИД РТ, http://mfa.tj/index.php?node=article&id=548

Заключение

В данной монографии рассмотрена взаимосвязь идеологии, исторического пути и самобытности народа в формировании гражданского общества, модели построения элит и, как следствие, выражение данной модели в современных международных отношениях на примере исторического пути новой государственности Республики Таджикистан. В работе рассматривается схожесть модели общественных отношений в большинстве постсоветских государств, в одинаковой мере унаследовавших идеологический вакуум и форсируемый процесс роста этносознания для формирования основ самобытности исторического пути нации.

Затрагивая вопрос корреляции данного процесса с проблемами национальной безопасности ряда постсоветских государств, в монографии рассмотрен вопрос схожести культур и общности истории. Предпринята попытка сформировать представление о современном гражданском обществе через эволюционный подход развития этого феномена в научной сфере. Проведен анализ теории влияния особенностей формирования элит постсоветских государств на формирование идеологий новых независимых государств. В результате выявлено, что ход истории разделившей единые народы на сферы влияния держав, оставил за собой проблему разделенных народов. Историческая несправедливость, в результате которой линия раздела влияния больших держав повлияла на судьбы целых народов, создала предпосылки для роста национализма во вновь созданных независимых государствах.

После распада СССР на карте мира появился целый ряд новых государств, претендующих на свою этническую самобытность. Однако большинство из них обрело государственность без собственного участия, а в результате раздела сфер влияния между великими державами. Данная ситуация делает новые государства уязвимыми с точки зрения их национальной безопасности.

По результатам заключения договоров XIX века о разделе сфер влияния между Великобританией и Российской империей на Кавказе и в Центральной Азии были установлены границы сфер влияния. Данные границы разделили целые народы.

Политические границы часто не совпадают с границами расселения народов, и это становится причиной противостояния и столкновения интересов стран, чье титульное население представлено в соседствующем государстве.

«Топорное» разделение Центральной Азии создало предпосылки сегодняшнего напряжения и высокого уровня национализма практически во всех центральноазиатских странах. Необходимо отметить, что на самом раннем этапе становления национальных центральноазиатских республик, входивших в состав СССР, проходило столкновение двух восточных течений – пантюркизма и паниранизма. Идеи паниранизма поддерживались Великобританией, которая имела значительное влияние на Иран и Афганистан и соответственно рассчитывала посредством проникновения данной идеологии на пространство Центральной Азии распространить здесь свое влияние, тем более, что данная территория исторически входила в состав единой Персидской империи. Российская империя в свою очередь способствовала формированию тюркского буфера на южном фланге, отделив Азербайджан, придав ему исключительно тюркские черты и сформировав сугубо тюркское объединение в Центральной Азии. Ставка на тюркское население была оправдана, поскольку оно на тот момент не имело никакой поддержки извне и было более мобильным для смены режима и политической ориентации, по причине своего кочевого уклада жизни и отсутствия опыта национальной государственности.

Подводя итог проведенному исследованию, можно сделать вывод: главным приоритетом при построении внешнеполитического курса ряда новых независимых государств постсоветского пространства является перманентная выгода экономического, политического сотрудничества, а не историко-культурная либо этноконфессиональная общность на базе долгосрочных интересов государств, что связано со сложившейся особенностью управления и острым чувством национальной безопасности в сочетании с растущим национализмом.

Анализ формирования и развития новой государственности Республики Таджикистан рассматривает историю новой страны через призму национальной идеологии, которая впоследствии оказала влияние на экономику, внешнюю политику и социальную сферу. В данном исследовании был сделан упор на формирование идейной основы развития государственности, так как по убеждению автора, все экономические и политические процессы имеют начало и основу в идеологии.

Сопоставляя идеологические проекты в центральноазиатских государствах, можно выявить ряд закономерностей и особенностей имплементации и роли идеологии в процессе формирования государственности.

Заслуживает внимания тот факт, что большинство идеологий государств региона строились на базе истории и являются по своей сути направленными в прошлое, в отличие от коммунистической идеологии, которая была направлена на строительство коммунизма и светлого социалистического будущего.

За период независимости государств в Центральной Азии оппозиция в Республике Таджикистан в сравнении с соседними государствами занимала особую роль. Уникальный опыт Таджикистана в мирном урегулировании имеет огромное значение в региональном масштабе, в то же время период разразившейся гражданской войны в 1992-1997 годы существенно замедлил в сравнении с соседними государствами развитие не только экономики, но и национальной идеологии. Так как в результате событий начала 90-х в стране обострилась борьба за власть, то присутствие оппозиции стимулировало более активную позицию государства по продвижению и развитию государственной идеологии. Очевидно, что понимание мотивов идеологической борьбы для государства формируется вызовами со стороны оппозиции и внешних сил. При этом необходимо отметить, что на протяжении продолжительного времени основным оппонентом правящей власти была оппозиция под флагом Ислама. Также следует выделить геополитическую борьбу и сложившиеся взаимоотношения между Таджикистаном и Узбекистаном. Следовательно, национальная идеология Республики Таджикистан формировалась под влиянием вышеприведенных факторов.

В результате проведенного исследования выявлено, что национальная идеология Республики Таджикистан построена на трех исторических проектах: наследис арийства, зороастризм и государство Саманидов. Следовательно, данная идеология имеет определенные характерные черты: помимо общего для всех новых независимых государств отрицания советского наследия и влияния русской культуры, она содержит определенные антиисламские и антитюркские мотивы, сочетая в себе историческую несправедливость, элемент внешнего врага, а также теорию территориального объединения «Великого Таджикистана».

Большинство данных идей прослеживается в выступлениях Президента Республики Таджикистан, в книгах, изданных под его авторством, а также в академических кругах, занимавшихся разработкой этих проектов.

В 1999 году на центральной площади г. Душанбе был установлен памятник Исмаилу Самани, в честь него была названа новая национальная валюта, переименован центральный проспект столицы, в том числе и всемирно известный пик Коммунизма на Памире. Также было организовано грандиозное празднование 1100-летия государства Саманидов.

История династии Саманидов, доминировавшей в регионе в период 819-999 годов, тесно связана с распространением Ислама на территории Центральной Азии. Основатель династии Саман-Худат был влиятельным землевладельцем и верховным огнепоклонником, по данным Л. Гумелева, также являвшимся потомком знаменитого полководца армии Сасанидской династии и борца с нашествиями тюркских кочевников Бахрами Чубина.[1]

Саман-Худат в VII веке был приглашен из Балха в Мерв, где познакомился с Халифом Хорасана Асадом Аль Касри, в результате чего отказался от

---

[1] Гумилев Л., Подвих Бахрама Чубины. Изд-во Государственного Эрмитажа, 1962.[Электронный ресурс] URL:http://gumilevica.kulichki.net/articles/Article101.htm (дата обращения: 23.12.2012)

зороастризма и принял Ислам, назвав своего сына в честь халифа – Асадом. В 819 году пять сыновей Асада, внуки Саман-Худата, в благодарность за верность и службу Халифату были назначены главами важнейших областей Мавераннахра: Самарканда, Истаравшана, Ташкента, Ферганы и Герата. Затем внук Асада Исмаил Самани смог консолидировать власть в своих руках, объединив Хорасан и Мавераннахр и основав государство Саманидов с центром в Бухаре, которым он правил в 892-907 годы. Государство Саманидов сохраняло формальную связь с Халифатом, но по сути являлось самостоятельным, так как чеканило собственные монеты.[1]

Династия Саманидов была первой персоязычной династией, пришедшей к власти после победы арабов и крушения Сасанидов. Она способствовала распространению и развитию персидско-таджикской культуры в исламской традиции. Это был золотой век региона; при дворе Саманидов творили знаменитые Рудаки и Авиценна (Ибн Сина). Рудаки признан основоположником современного персидского языка и персидско-таджикской литературы. Авиценна, являясь придворным врачом, признан одним из основоположников медицины. (Медицина – от араб. «мададде Сино»). В раннем возрасте Авиценна излечил эмира Саманидов от тяжелой болезни. Авиценне было всего 22 года, когда в 1004 году династия Саманидов окончательно распалась и его отец, являясь одним из «вали», погиб в сражении. Затем Авиценна отказался от службы тюркской династии Газневидов.

В период правления Саманидов Коран был впервые переведен на персидский язык; основной миссией Саманидов в Мавераннахре было распространение Ислама, образования и культуры среди многочисленных тюркоязычных племенных групп, составлявших большую часть населения региона. Вследствие смуты, возникшей из-за борьбы за власть внутри династии Саманидов в конце X века, а также восстания многочисленных тюркских наемников, посвященных в Ислам, власть захватила династия Газневидов,

[1] Shamsiddin Kamoliddin, (July 2005). "To the Question of the Origin of the Samanids", Transoxiana 10

получившая начало от Альп Тугана, беглого генерала Саманидов. С момента падения династии Саманидов в Центральной Азии вплоть до монгольского нашествия 1219 года, за исключением периода царства Гуридов (1148-1206 гг.) на протяжении двух веков правили тюркские династии. Газневидов сменили Сельджуки, затем Хорезмшахи.

Падение персидско-таджикской династии Саманидов было предсказуемо, если учитывать значительное численное преобладание тюркских народностей региона. В этом аспекте показательна сегодняшняя картина соотношения тюркского и таджикского населения в регионе: из 64 млн человек, населяющих регион, таджики по разным данным составляют не более 15% населения, являясь, по сути, анклавом в тюркском мире. В то же время следует отметить огромный вклад Саманидов в процесс возрождения персидской культуры и формирования современных персидско-таджикского языка и литературы. Период возрождения персидской литературы и культуры начинается с появления Рудаки (858-941 гг.), родившегося на территории современного Таджикистана в Пенджикенте, до последующих Фирдоуси (940-1020 гг.), Авиценны (980-1037 гг.), а также последователей их традиции Омара Хайяма (1048-1131 гг.) и Руми (1207-1273 гг.). Семь звезд вокруг короны на гербе и флаге современной Республики Таджикистан изначально задумывались авторами, как семь величайших деятелей персидско-таджикской литературы. Идеологические основы, заложенные в огромном культурном наследии Саманидов, внесли значительный вклад в мировую цивилизацию, и современное таджикское государство справедливо воспринимает данный исторический период как самый важный и успешный период регионального лидерства. В то же время столица государства Саманидов, так же как и могила Исмаила Самани, находятся на территории современного Узбекистана, в г. Бухаре. Данный факт сохраняет в сознании большинства таджиков проблему исторической несправедливости и амбиции на возвращение исконно таджикских земель.

Вторым аспектом современной государственной идеологии Республики

Таджикистан с 2003 года является тема Зороастрийского наследия, которая выражена в масштабных празднованиях древнего праздника Навруза. Зороастризм представляется частью национальной таджикской культуры и идентичности, противопоставляя его исламской идентичности. В 2012 году празднования Навруза посетили лидеры Афганистана и Ирана, в нем участвовало более 5000 человек и более 500 профессиональных актеров. В своем интервью телеканалу Евроньюс Президент Таджикистана Эмомали Рахмон отметил, что праздник Навруза остался в сердцах таджикского народа и является частью таджикской идентичности, несмотря на запрет его празднования и гонения, как в советский период истории, так и в исламский период.[1] Празднования Навруза в современном Таджикистане проходят пять дней, превышают по масштабу празднования нового года и всех исламских праздников. Данное направление ведется для ослабления роли Ислама и превосходства национальной идентичности над религиозной.

Третьим аспектом национальной идеологии Республики Таджикистан с 2006 года является празднование Года Арийской цивилизации в Таджикистане. Наряду с празднованием 2700-летия города Куляб в предвыборном 2006 году был запущен идеологический проект Арийской цивилизации. Среди основоположников современной «арийской идеологии» в Таджикистане нужно, прежде всего, назвать известного таджикского историка и политического деятеля, академика АН СССР Бободжона Гафурова (1908-1977), являвшегося с 1946 по 1956 год первым секретарем ЦК Компартии Таджикистана, а затем возглавлявшего Институт востоковедения АН СССР. Именно в его работах, как отмечают оппоненты нынешнего таджикского «арийства», в первую очередь узбекские, появился тезис о том, что предки всех тюркоязычных народов Центральной Азии являются пришлыми, тогда как таджики являются единственным исконно коренным населением региона. Интеграция Афганистана,

---

[1] Хамдамов У., Таджикистан отмечает международный праздник Навруз// Авеста.taj-информационное агентство. 2012. URL: http://www.avesta.tj/goverment/11615-tadzhikistan-otmechaet-mezhdunarodnyy-prazdnik-navruz.html (дата обращения: 23.12.2012)

Ирана и Таджикистана уже называется «Арийской тройкой». Арийская идеология предполагает культурно-историческое превосходство таджиков над другими народами Центральной Азии и предполагает индоевропейскую принадлежность таджикского языка в отличие от тюркских языков.

В то же время предложенная теория связи таджикского народа с Арийской цивилизацией вызвала ряд насмешек со стороны российских СМИ и блогеров в рунете. Так как образ таджикских гастрабайтеров в сознании российского общества не вяжется с пропагандированными нацистской Германией «образом голубоглазых блондинов» и образом «высшей расы», а скорее наоборот.

После Второй мировой войны тема ариев и шовинизма негативно закрепилась в сознании поколений, и сегодня, когда скинхеды на улицах российских городов убивают потомков ариев, приходит осознание того, что все смешалось в нашем мире. Конструирование псевдо-научной идеологии нацистской Германии и ее пропаганда обернулись столь неожиданным результатом по прошествии значительного периода времени и идеологических потрясений. Данный пример, также как и пример культурного наследия правления династии Саманидов, говорит о долгосрочной функции жизни идеологии. Известно, что Эрнесто Че Гевара встретил своего убийцу со словами: «Вы убьёте лишь человека, но не сможете убить Эрнесто Че Гевару».[1]

Следует отметить тот факт, что любая идеология имеет под собой экономическую основу. Несмотря на то, что в данной монографии автор выводит гипотезу о первичности идеи и инструментальной роли экономики, обращает на себя факт, что западная литература рассматривает оба направления как неразрывное и совокупное единого целого направления в науке политэкономии. В начале XX века и Дж. Робинсон и М. Кейнс говорили об инструментальной роли экономики, называя его «ящиком с инструментами» или «аппаратом, помогающим владельцу приходить к правильным выводам»[2]. Определение

---

[1] Григулевич И.Р., Эрнесто Че Гевара и революционные процессы в Латинской Америке. Москва. 1984. [Электронный ресурс] URL: http://sbiblio.com/biblio/archive/grigulevich_ernesto/01.aspx (дата обращения: 24.03.2013)
[2] П. Груневеген, «Политическая экономия» и экономическая наука, 2004, с. 684

термина «политэкономия – как исследования о причине богатства народов» принадлежит знаменитому Адаму Смиту.

Одной из главных особенностей текущей модели управления в большинстве постсоветских государств является примат фактора идеологии, используемой для оправдания легитимности над экономическими задачами и национальными интересами, оставляя за экономикой лишь инструментальную роль. В то же время следует отметить обратную причинно-следственную связь экономики и политики. К примеру, текущая ситуация с национальной экономикой Республики Таджикистан приводит к росту количества мигрантов вне страны, что напрямую влияет на внешнюю политику и идеологию государства, усиливает фактор зависимости Республики Таджикистан от Российской Федерации и ограничивает идеологический маневр. Как следствие – ратификация договора о российской военной базе в октябре 2013 года и возвращение роли русского языка в 2011-ом году. После того как Таджикистан стал первым в мире по соотношению переведенных средств мигрантов к ВВП (48%, по версии Всемирного банка), с августа 2013 Национальный банк Республики Таджикистан решил засекретить информацию о количестве переводов мигрантов, чтобы «избежать политизации этих сведений»[1].

Характерной чертой для экономик ряда постсоветских стран является несоответствие провозглашаемой социально-экономической политики реальному повышению жизненного уровня населения. К примеру, концепции энергетической независимости и реализации дорожно-транспортного потенциала, являющиеся одними из основных приоритетов развития экономики Республики Таджикистан, в первую очередь отвечают интересам компаний, операционная деятельность которых непосредственно связана с данными направлениями, а

---

[1] ВБ: Объем переводов в Таджикистан в 2013 году превысит $4 млрд// Информ. Агентство «Азия-плюс», 2013,. [Электронный ресурс] URL: http://www.news.tj/ru/news/vb-obem-perevodov-v-tadzhikistan-v-2013-godu-prevysit-4-mlrd (дата обращения 03.10.2013)

потом уже интересам рядового населения Таджикистана.

Выступление Султанова А.Ш. с диссертацией на соискание степени кандидата политических наук на защите «28» ноября 2013 года в 14.00 часов на заседании диссертационного совета Д 504.001.14 при ФГБОУВПО «Российская академия народного хозяйства и государственной службы при Президенте Российской Федерации» на тему: Фактор идеологии в процессе формирования государственности Республики Таджикистан.

Уважаемые члены ученого Совета! Хотел бы поблагодарить Вас за проявленный интерес к моей работе и сегодняшнюю возможность рассказать Вам о результатах и причинах подвигнувших меня к исследованию данной темы!

В период формирования своего мировоззрения и гражданской позиции, после завершения Вуза в 2008 году, я много времени провел в поездках и имел возможность сопоставить различные модели управления и взаимодействия общества с государством. При этом я пытался ответить на целый ряд вопросов возникавших у меня с расширением географии жизненного пути и новых вызовов, возникающих вместе с меняющимся миром вокруг.

За эти годы мне удалось подробно изучить проблему самоидентификации в различных культурах в сочетании с особенностями западной демократии, **современной турецкой моделью Ислама, арабской моделью монархии, китайской системой прогрессивного социализма.**
Конечно же, всегда проводил параллели между этими моделями управления и тем, что происходило в моей родной стране. Четыре года назад, я опубликовал первую книгу и попытался ответить на часть этих вопросов. Но в выводах книги пришел **к тому, что исходной точкой развития и самой важной в сознании является родная земля**, Республика Таджикистан. Именно туда я и направился, где попытался понять и исследовать механизмы работы и взаимодействия государственных органов и общества.
Мы живем в информационный век,
в мире, в котором скорость передачи информации сравнима со скоростью света. **В современном мире** изменения происходят намного быстрее, так же как и технологический прогресс, согласно закону Мура скорость работы микропроцессоров удваивается каждые полтора года.
Мы живем в быстроменяющемся мире, в котором новые медиа ресурсы меняют правила игры, несущие комплексные последствия. Если раньше традиционные медиа ресурсы в руках государства (государственное телевидение, радио, газеты) расставляли акценты и словно проповедники на церковной службе или на пятничной молитве могли управлять умами и стремлениями масс, **то сегодня** мы живем в век свободы и плюрализма мнений. Интернет пространство пестрит ежесекундными обновлениями и видео, многочисленными форумами, блогами и комментариями. **Новые правила игры несомненно являются вызовом для устоявшихся режимов поддерживающих свою легитимность на основе традиционных медиа путем государственной пропаганды.** К примеру, сегодня для проверки правильности написания, человек не обращается к словарю Ожегова, а проверяет и доверяет миллионам поисковых запросов и в Интернете.
Мы живем в мире, в котором легче загуглить или найти на фейсбуке, в мире, в

котором на первое место встает уникальность и эксклюзивность идеи, в мире в котором каждый имеет влияние в зависимости от собственной аудитории в twitter, youtube или intsagram и может выражать свои мысли не опасаясь цензуры.

В Республике Таджикистан более 60% населения имеют доступ к Интернету, почти два миллиона соотечественников находятся за рубежом, вне государственного медийного пространства Таджикистана. **Исследование снов идеологии, механизма формирования элит и гражданского общества, а также национальной идеи имеет ключевую роль для развития государственности в долгосрочной перспективе, в особенности в новосозданных государствах постсоветского пространства.**

Данная работа отвечает на целый ряд вопросов, связанных с взаимодействием государства и общества, как с точки зрения мировой истории, так и на примере Республики Таджикистан.

Свою работу я начал с изучения основ модели гражданского общества, пропагандируемой западными политологами, как неотъемлемой части демократии, затем перешел к изучению механизма формирования элит и проблемы их сменяемости. Учитывая что **основу государственности составляет фактор идеологии**, в своем исследовании я обратился **именно к истории и сопоставлению идеологий.** Идеологии - основанные на государственном национализме – на создании наднациональной идентичности, по примеру Индии, США и ряда европейских государств. **Кроме того,** в фокусе моего исследования находится **актуальная проблема роста этносознания на постсоветском пространстве**, в связи с естественным заполнением идеологического вакуума, образовавшегося с распадом Советского Союза.

Ярким примером послужило сравнение идеологий двух новых государранственностей формируемых после распада двух империй – Османской и Российской. В переписке Кемаля Ататюрка и Владимира Ленина ведется дискуссия **о государственном национализме и праве на самоопределение каждого народа.**

Спустя почти столетие мы можем констатировать, что идея с правом на самоопределение привела к отсутствия такой национальности как «советский» и распаду этого государства. При этом сохранилось общее культурное пространство, менталитет и экономические связи.

Первыми шагами в направлении создания новой идеологической модели Республики Таджикистан, являлся целый ряд мер в формировании образа «Исмаили Самани», **как основы интерпретации** исторического сознания и управляемой исторической памяти. В числе практических мер: знаковая замена памятника В.И. Ленину на главной площади столицы памятником Исмаилу Самани, замена названия самой высокой точки на Памире «Пик Коммунизма» на «Пик Исмаила Самани», замена названия одного из главных проспектов в столице, а так же изменение названия национальной валюты «рубл» на «сомони». На волне популяризации, Президент страны даже назвал своего второго сына - «Сомон», в честь основателя династии Саманидов. Важным моментом всех идеологических проектов является предвыборная риторика, оправдывающая финансовые инвестиции для лидера. К примеру, выборы 1999 года и 2006 года, так же как и выборы 2013 года, имели свою идеологическую подоплеку выраженную в масштабных празднованиях круглых дат.

Не секрет, что во многих постсоветских государствах в период формирования новой государственности **акцентировалась значительная роль прошлого и его интерпретация, нежели видение развития будущего страны. Национальная**

идеология, направленная назад характерна и таджикской модели государственности.

В руках власти идеологические проекты имели в большей мере инструментальный характер. К примеру, более поздние «Арийская» и «Зороастрийская» составляющие в идеологическом пространстве правящей власти проявлялись в сближении с Ираном, Афганистаном, в напряжении в отношениях с Узбекистаном, и в пятидневных празднованиях праздника «Навруз», превышающего по масштабам празднования мусульманских праздников. Кроме того, общей для всех трех концепций является противовес исламской идентичности и мировоззрению оппозиции. Ведь государственная власть открыто подчеркивает свою светскость, периодически обличая Ислам в инородное и антипатриотичное явление извне, в лице различных исламских организаций. Данная политика последовательно прослеживается в законе об упорядочивании национальных обычаев и традиций, а также в законодательной базе, строительство мечетей и их посещение женщинами и детьми. В то же время в 2009 году произошло признание официального ханифитского масхаба и объявлен год Имама Азама.

Подводя итог, хотелось бы подчеркнуть, что на мой взгляд в ходе работы над диссертацией удалось справится с задачами исследования и **выявить характерные особенности модели восточного государства с системой одного лидера.** В частности, **во главе государственной политики стоит приоритет задачи сохранения власти** над задачей развития государства. Наблюдается **отсутствие движения или сменяемости** элит, а так же отсутствие долгосрочной стабильной системы и ее зависимость от воли лидера. **Конечно же,** все это возможно только при условии инструментальной роли экономики и личного контроля обеспечивающего финансирование **идеологических проектов пропагандирующих легитимность данного лидера.**
Как известно, Республика Таджикистан не является единственным примером восточной системы одного лидера, характерные черты данной модели свойственны большинству постсоветских государств. Тем самым, выводы данного исследования актуальны для целого ряда государств, переживающих проблемы идеологического вакуума, роста национализма, неэффективность экономических реформ и отсутствия механизма формирования элит.

Главным выводом является острая необходимость в формировании новых элит, основанная на справедливых критериях отбора и равных возможностях для всех. Данная модель будет способствовать естественному движению и обновлению элит за которой последуют и остальные преобразования. Придя к этому выводу, я решил не оставлять данное научное заключение лишь в теоретической плоскости, а попытался начать ее реализацию на практике, в частности, с 2011 года в Республике Таджикистан активно развивается общественная организация «Пешрафт» («Прогресс»), созданная в качестве основного инструмента по формированию новых элит из числа молодых талантов по всей Республике Таджикистан на основе объективных критериев отбора. Организация спонсируется гражданами Таджикистана, участвующими в многочисленных благотворительных акциях «Пешрафт». Данная организация проводит ежегодный открытый экзамен, в котором принимает участие более 1 тысячи школьников, на протяжении учебного года около 60 отобранных нами студентов получают стипендии и участвуют в образовательных тренингах, в олимпиадах для школьников.

Главным практическим результатом данного исследования для меня является прогресс более 150 молодых людей, которые начинают верить в себя и возможность своего роста вне зависимости от своего социального происхождения, родственных связей, места рождения и национальности.

Благодарю Вас за внимание!

124

Приложения

Приложение 1. Информационная справка в рамках подготовки визита спецпредставителя США по Афганистану и Пакистану Ричарда Холбрука. (Документ от 16.02.2010) [1]

С Е К Р Е Т Н О РАЗДЕЛ 01 ИЗ 05 ДУШАНБЕ 000173

SIPDIS

ГОСУДАРСТВЕННЫЙ ДЕПАРТАМЕНТ ДЛЯ S/RAP (СПЕЦПРЕДСТАВИТЕЛЯ ПО АФГАНИСТАНУ И ПАКИСТАНУ)

ПРИКАЗ 12958: РАССЕКР.: 16/02/2020

ТЕГИ: PREL, PGOV, PHUM, EAID, ECON, EINV, TI

ТЕМА: ИСПРАВЛЕННЫЙ ТЕКСТ – ИНФОРМАЦИОННАЯ СПРАВКА ПО ТАДЖИКИСТАНУ В РАМКАХ ПОДГОТОВКИ ВИЗИТА СПЕЦПРЕДСТАВИТЕЛЯ ХОЛБРУКА

ЗАСЕКРЕТИЛ: НИША КВОСТ (NECIA QUAST), ВРЕМЕННЫЙ ПОВЕРЕННЫЙ В ДЕЛАХ, ОСНОВАНИЕ: 1.4 (b), (d)

1. (С) **Резюме:** Американские интересы в Таджикистане – это стабильная ситуация на северной границе Афганистана, поддержка наших военных операций в Афганистане, стабилизирующее влияние Таджикистана и его вклад в развитие экономики региона.

Таджикистан предоставляет неограниченные права пролета над своей территорией и быстро согласился пропускать наземный транзит по северному маршруту (NDN). В среднесрочной перспективе страна могла бы играть более активную роль в региональном развитии благодаря своему огромному гидроэнергетическому потенциалу, относительной стабильности (по сравнению с

---

[1] Оригинал после утечки из Государственного Департамента США опубликован на сайте Wikileaks.org, 2011, - [Электронный ресурс] URL: http://wikileaks.org/cable/2010/02/10DUSHANBE173.html (дата обращения: 2.09.2011)
Wikileaks на русском языке: Как устроена американская помощь Таджикистан// Новостной портал «Эконо», 2011 - [Электронный ресурс] URL: http://econo.com.ua/2011/11/wikileaks-na-russkom-yazyke-kak-ustroena-amerikanskaya-pomoshh-tadzhikistanu/ (дата обращения: 25.11.2011)

Афганистаном) и религиозно умеренному населению. Однако для этого Таджикистан должен решить многочисленные политические и экономические проблемы, которые тормозят его собственное развитие: бедность, плохие отношения с Узбекистаном, глубоко укорененная коррупция, советская структура экономики и планирования, недемократическая политическая система, хроническое неблагополучие в сфере продовольствия и зависимость от труда мигрантов в России.

2. (C) Американская помощь в области развития дала смешанные результаты. Недавние меры по улучшению делового климата были нейтрализованы кампанией правительства по сбору средств на строительство Рогунской ГЭС. Правительство не желает реформировать политические процессы. Наше сотрудничество в сфере безопасности подает определенные надежды. Независимо от наших усилий, есть предел тому, что Таджикистан может нам предложить: страна очень мало что производит, живет бедно, возможности правительства минимальны. У таджиков есть несколько нереалистичных идей о том, что предложить можем мы им: в основном это крупные инфраструктурные проекты, в том числе спорные электростанции, тоннели в Пакистан и мосты в никуда. Есть доля правды в колком замечании, что реальная помощь Таджикистана нашим усилиям в Афганистане заключается в том, чтобы быть стабильным и обеспечивать беспрепятственный транзит грузов для наших сил по суше и по воздуху, и это таджики делают неизменно. Мы стараемся поддерживать политику Таджикистана, направленную на дальнейшее поддержание стабильности. Конец резюме.

ТРУДНОЕ СОСЕДСТВО

3. (C) Многие трудности Таджикистана связаны с его географией. Хронические проблемы с Узбекистаном, которые подпитывает взаимная личная неприязнь президентов двух стран, препятствуют таджикской торговле, энергетической самодостаточности и экономическому развитию. Афганская

нестабильность также оказывает свое пагубное влияние: наркотрафик подрывает законность, таджики боятся распространения экстремистских идей из Афганистана, а афганские боевики могут угрожать безопасности Таджикистана через протяженную и прозрачную границу. Большое место в таджикском сознании занимает Россия и ее влияние. Русские контролируют одну крупную гидроэлектростанцию в Таджикистане, которая стала теперь источником разногласий между двумя странами. Чтобы сбалансировать российское влияние, таджики ищут себе альтернативных партнеров – Соединенные Штаты, Китай и Иран. Китай – крупный инфраструктурный донор – предоставил Таджикистану кредитов по низким ставкам на сумму более 1 млрд долларов для строительства дорог и линий электропередачи. Иран финансирует проекты по строительству тоннелей и гидростанций, но выражение межперсидской солидарности не может скрыть глубокое недоверие между сильно пьющей, выросшей в СССР суннитской элитой в Душанбе и консервативными шиитами в Тегеране.

4. (С) Таджикское правительство очень хочет получать с нас больше выгод в обмен на свою поддержку по Афганистану. Таджики считают, что Узбекистан прибрал к рукам все дела, связанные с северным транзитом (NDN), и хотят, чтобы через Таджикистан шло больше грузов, чтобы для этого создавалась инфраструктура, и чтобы Соединенные Штаты покупали таджикские товары для своих сил в Афганистане. В настоящее время мы закупаем для ISAF (Сил содействия безопасности в Афганистане) небольшие объемы воды в бутылках, разлитой в Таджикистане. Таджики дали понять, что были бы рады, если бы США разместили в Таджикистане авиабазу. Они считают, что вовлеченность США в дела региона защитит их от афганской нестабильности и послужит хорошим источником доходов.

СТРАХ ВНУТРЕННИХ ВРАГОВ, БОЕВИКОВ И РОССИИ

5. (С) Гражданская война в Таджикистане закончилась в 1997 г. заключением соглашения о разделе власти между правительством Президента

Рахмона и лидерами Объединенной таджикской оппозиции (ОТО). С момента окончания ДУШАНБЕ 00000173 002 ИЗ 005 войны Рахмон постепенно отказался от соблюдения соглашения и выдавил из правительства почти всех оппозиционеров: некоторые оказались в тюрьме, некоторые уехали из страны, другие при загадочных обстоятельствах умерли. В мае 2009 г. вооруженная группа во главе с бывшим членом ОТО Мулло Абдулло Рахимовым вернулась в Таджикистан из Афганистана, якобы с несколькими иностранными бойцами. Таджикские силы безопасности нейтрализовали эту группу без сторонней помощи. Нам было сказано, что одержать победу им помогло американское обучение, и теперь они очень хотели бы его продолжить.

6. (С) Российско-таджикские отношения испортились. Таджикские чиновники считают, что русские оказали поддержку группе Мулло Абдулло, чтобы дать сигнал Таджикистану, что тот нуждается в российской протекции. Правительства двух стран не смогли договориться об условиях российского участия в строительстве Рогунской ГЭС. Есть и другие разногласия. В октябре 2009 г. президент понизил официальный статус русского языка в Таджикистане. Правительство начало разговор о повышении арендных ставок, которые Россия платит за свои военные базы в Таджикистане. В 2009 г. контролируемая русскими Сангтудинская ГЭС-1 сократила выработку электроэнергии из-за того, что правительство Таджикистана вовремя не заплатило по счетам.

ЭКОНОМИЧЕСКИЕ ТРУДНОСТИ

7. (С) Таджикистан – беднейшая из бывших советских республик. Она более гориста, чем Афганистан, для нее характерны землетрясения, наводнения, засухи, нашествия саранчи и экстремальные погодные условия. Некоторые части страны часто бывают отрезаны снегом и лавинами. Внешние коммуникации проходят через недружественный Узбекистан, нестабильный Афганистан или через суровые, отдаленные перевалы Памира в западный Китай. Единственные виды промышленной продукции – это алюминий и электроэнергия ГЭС. Большую

часть экспорта обеспечивает Таджикская алюминиевая компания («Талко»). Хотя номинально она принадлежит государству, большая часть ее доходов оседает в скрытой от посторонних глаз оффшорной компании, контролируемой президентом, и до государственного бюджета доходит очень мало. «Талко» потребляет до половины вырабатываемой в стране электроэнергии и, тем самым, вызывает крупные сезонные перебои со светом и, соответственно, неблагополучие населения.

8. (С) В конце 2009 г., пытаясь взяться за решение проблемы хронической нехватки электричества, Президент Рахмон начал массированную кампанию по привлечению финансирования для строительства Рогунской гидроэлектростанции. Рогун должен стать высочайшей дамбой в мире и удвоить энергогенерирующие мощности Таджикистана. Усилия правительства по привлечению денег вызывали, однако, серьезную озабоченность у международных доноров. Государство принуждает все слои населения и организации покупать акции проекта. Многим было сказано, что они потеряют работу, если не внесут средства, равные месячной зарплате многих таджиков. Хотя правительство утверждает, что продажа акций идет на добровольной основе, есть многочисленные свидетельства того, что чиновники принуждают население раскошелиться. Помимо правозащитной тематики, доноры озабочены тем фактом, что по собранным пока примерно 250 млн долларов не будет никакой отчетности, и потрачены они будут непрозрачно. С учетом доли «Талко» в потреблении электроэнергии, Рогунская кампания выглядит как способ продолжить обеспечивать прибыльность «Талко».

9. (С) Таджикская экономика страдает и от глобального экономического спада вследствие существенного снижения объемов экспорта, импорта и денежных переводов примерно от миллиона таджиков, работающих в России. Деньги, которые они присылают домой, составили более 50% ВВП в 2008 г. Эти деньги в буквальном смысле помогают выживать в сельской местности. В 2009 г. объем денежных переводов упал на 34%. Важнейшее препятствие на пути

повышения эффективности экономики – это сопротивление реформам. Всё правительство – от президента до последнего милиционера на улице – характеризуется кумовством и коррупцией. Рахмон и его родственники контролируют крупный бизнес страны, в том числе крупнейший банк, и жестко отстаивают свои деловые интересы, при этом их не интересует, во сколько это обойдется экономике в целом. По выражению одного зарубежного посла, Президент Рахмон будет лучше контролировать 90 процентов пирога за 10 долларов, чем 30 процентов пирога за сто.

ДУШАНБЕ 00000173 003 ИЗ 005

ВЫБОРЫ БЕЗ ДЕМОКРАТИИ

10. (C) Правительство ограничило деятельность оппозиционных партий и отвергло реформу выборного законодательства перед парламентскими выборами 28 февраля 2010 г. Посольство предполагает, что выборы не будут честными и справедливыми. Государственные СМИ почти не освещают деятельность оппозиционных партий, а большинство населения не понимает, зачем нужны выборы. Парламентская оппозиция слаба – только 15 из 62 депутатов не состоят в правящей партии, и некоторые из них независимые только на словах. Наиболее видная оппозиционная партия – Партия исламского возрождения Таджикистана (ПИВТ) – имеет два места в парламенте нынешнего созыва. Руководство ПИВТ поддерживало правительство по большинству вопросов и преуменьшает значение ислама в партийной платформе. Парламент просто штампует спущенные сверху законы.

11. (SBU) В 2009 г. парламент принял новый ограничительный закон о религии, который ставит под контроль деятельность религиозных групп – мусульманских и других. Наше предположение, что такое решение может радикализировать многих верующих, отклика не нашло. В прошлом году правительство арестовало десятки граждан, обвинив их в том, что они состоят в запрещенном «салафитском» движении, но доказательств, что такое

организованное движение существует, нет. Правительство также арестовало 92 членов мусульманской фундаменталистской миссионерской группы «Джамаат-и-Таблиг». Большинство мейнстримных мусульманских лидеров считают членов «Джамаат-и-Таблиг» безвредными миссионерами и призывают освободить их.

12. (SBU) Положение независимых СМИ стало шатким после того, как некоторые государственные чиновники недавно подали иски против пяти газет за то, что те в материалах о публичном отчете правительства и заявлениях, сделанных в открытых судебных заседаниях, критиковали судей и представителей министерств. Если иски будут удовлетворены, газеты будут вынуждены закрыться. Мы и наши европейские партнеры выразили протест в связи с исками.

ТРУДНОСТИ В ОТНОШЕНИЯХ С ДОНОРАМИ

13. (SBU) В 2007 г. Национальный банк Таджикистана признал, что утаил примерно один миллиард долларов кредитов и гарантий хлопковым инвесторам с политическими связями (из этого миллиарда $600 млн так и не были выплачены), нарушив тем самым программу МВФ. В качестве условия возобновления помощи, МВФ потребовал досрочно погасить часть долга, провести аудит Национального банка и другие реформы. В мае 2009 г. МВФ проголосовал за выделение Таджикистану дополнительных $116 млн, чтобы помочь ему пережить ближайшие три года; США были единственным членом МВФ, проголосовавшим против, что привело таджикское правительство в ярость. На данный момент МВФ уже выделил $40 млн. Недавно в Душанбе была группа [экспертов] из Вашингтона, прилетевшая, чтобы провести оценку работы правительства, определить базовые условия для выделения нового транша средств и оценить последствия кампании по сбору средств на строительство Рогунской ГЭС. Результаты работы этих экспертов скоро появятся. Доноры озабочены тем фактом, что кампания по сбору средств на строительство Рогунской ГЭС усугубляет и без того страшную бедность населения, а также нарушает условия выделения помощи МВФ. Вызывает вопросы и частота обращений правительства

за финансовой помощью и его [не]готовность проводить экономические реформы в качестве условия предоставления такой помощи. Доноры официально выразили правительству [Таджикистана] свою озабоченность и пока ждут ответа. Доноры также пытаются продвигать идею региональной интеграции энергетического рынка и строительства линий электропередачи, которые позволят Таджикистану и Киргизии продавать летние излишки электроэнергии в Афганистан и Пакистан. Линия мощностью 220 кВт из Таджикистана в Афганистан сейчас строится при финансовом участии Азиатского банка развития. Она должна быть достроена в конце 2010 г. Более крупный проект строительства линий электропередачи в Афганистан и Пакистан (CASA-1000) отложен из-за проблем с финансированием.

АМЕРИКАНСКАЯ ПОМОЩЬ

14. (U) Американская помощь Таджикистану значительно вырастет в 2010-м финансовом году и составит $45,3 млн по сравнению с $27,8 млн, выделенными в 2009-м финансовом году.

ДУШАНБЕ 00000173 004 ИЗ 005

Дополнительные деньги пойдут на финансирование проектов в области сельского хозяйства, торговли и частного сектора и будут компенсацией убытков, которые понесли столь необходимые стране программы обеспечения продовольственной безопасности. До 2008 финансового года в Таджикистане действовала многолетняя программа продовольственной помощи, которая дала значительные результаты в плане снижения уровня продовольственного неблагополучия в районах страны, наиболее подверженных рискам. В 2009 и 2010 годы финансовых годах в стране действовали аналогичные одногодичные программы. Сейчас разрабатывается новая Программа обеспечения продовольственной безопасности (Food Security Initiative), но пока не ясно, получит ли какие-то средства Таджикистан. Новые программы предусматривают также решение проблем хронического дефицита электроэнергии путем формирования регионального энергетического рынка и помощь среднеазиатским государствам в вопросах водо- и электроснабжения. В 2008-м финансовом году Таджикистан получил $9,9 млн (по проекту 1207) на решение вопросов обеспечения стабильности. Основные угрозы стабильности связаны с бедностью населения страны: по оценкам Всемирного банка, более 60% граждан Таджикистана живут за чертой бедности, при этом правительство демонстрирует неспособность реагировать на чрезвычайные ситуации. Проект 1207 реализуется в 50 удаленных общинах в Раштской и Ферганской долинах, а также вдоль афганской границы. Проблема неразвитости систем здравоохранения и образования стоит настолько остро, что мешает нашей работе в других сферах. Наши программы направлены на совершенствование политики, систем и услуг в сфере здравоохранения, на совершенствование подготовки учителей, финансов системы образования, программ всеобщего обучения, оценки знаний учащихся и школьного управления.

Приложение 2. Фрагмент из отчета компании «Ernst&Young» по результатам специального аудита Национального банка Республики Таджикистан (опубликованного в ведущих СМИ и на сайте Национального банка Республики Таджикистан 13.04.2009) [1]

Общая информация о Специальном Аудите

2.2. В декабре 2007 года, бывший Председатель Национального банка Таджикистана (НБТ), г-н Муродали Алимардон проинформировал МВФ, что Национальным банком Таджикистана не были отражены следующие операции в своей бухгалтерской отчетности и данных, представляемых в МВФ:

☐ Заложенные депозиты для обеспечения финансирования хлопкового сектора Республики Таджикистан, в пользу иностранных финансовых учреждений в общей сумме 241,2 млн долларов США, начиная с 2001 года.

☐ Гарантии в общей сумме 77,4 млн долларов США в пользу иностранных коммерческих банков и других иностранных учреждений с целью обеспечения финансирования для ЗАО «Кредит-Инвест».

☐ Ссуды, выданные ЗАО «Кредит-Инвест» в общей сумме свыше 870 млн сомони (250 млн долларов США) начиная с 2002 года.

2.3. В результате скрытия информации, монетарные данные, представленные в МВФ Национальным банком Таджикистана в соответствии с предыдущим соглашением по «Программе по сокращению бедности и развитию» (PRGF), были неправильными.

2.4. После данного раскрытия, г-ном Алимардоном была дана инструкция работникам включить ранее не включенные гарантии, заложенные депозиты и ссуды в учетные данные НБТ, а также исправить соответствующие данные, представляемые в МВФ.

---

[1] Отчет специального аудита Национального банка Таджикистана // Информ. Агентство «Азия-плюс», 2009, . [Электронный ресурс] URL: http://news.tj/ru/newspaper/article/otchet-spetsialnogo-audita-natsionalnogo-banka-tadzhikistana (Дата обращения: 13.04.2009)

2.5. Исправленные данные, подготовленные Национальным банком Таджикистана для представления в МВФ, указывали на то, что МВФ произвел распределение Специальных Прав Заимствования (СДР) в сумме 49 миллионов на основе неправильной информации. В результате, 5 марта 2008 года, Исполнительным Советом МВФ было принято решение, что распределение СДР было неправильным и потребовано, чтобы три неправильные распределения СДР, которые не входили в Многостороннюю Инициативу по Освобождению от Долга (Multirateral Debt Relief Initiative), в общем, составляющие 29,4 млн СДР, были возмещены Республикой Таджикистан.

2.6. Позже, НБТ согласился, чтобы респектабельная независимая международная аудиторская компания провела проверку (Специальный аудит), с целью установления надежной основы для будущего представления данных в МВФ, и определения необходимых действий для обеспечения прозрачности всех финансовых операций банка, включая выдачу кредитов ЗАО «Кредит-Инвест».

2.7. 12 мая 2008 года, Национальным банком Таджикистана был объявлен тендер на проведение Специального аудита. Копия запроса на представление предложения, адресованная компании Ernst & Young LLP вместе с кругом полномочий включены в Приложения A и B. Ernst & Young LLP подписал Контракт № НБТ/08-01/2008, от 10 августа 2008 года, где НБТ согласился на проведение Специального аудита.

Основные замечания по аудиту

Каковы были основные недостатки руководства, которые допустили скрытие информации?

2.31. Г-н Алимардон был Председателем НБТ в период Специального аудита. Г-н Алимардон, который в настоящее время является Заместителем Премьер-министра ответственным за сельскохозяйственный сектор, заявил, что он принимает на себя полную ответственность за дачу инструкций определенному числу сотрудников по выдаче гарантий, поручительств и кредитов и их скрытие от внешних аудиторов и МВФ. Г-н Алимардон объяснил, что его целью было обеспечение финансирования хлопкового сектора Таджикистана, что является основным источником обеспечения рабочих мест в сельских местностях. Работники, которые участвовали в совершении данных скрытых операций, заявили, что они выполняли инструкции г-на Алимардона.

2.32. Доминирующая роль Председателя и слабый контроль за его действиями сделал скрытие информации возможным. Данные недостатки в системе контроля включают:

☐ Отсутствие независимого и эффективного органа правления для обеспечения функций надзора: г-н Алимардон имел доминирующее положение по отношению к Правлению. В качестве Председателя он представлял предложения относительно новых членов Правления для утверждения со стороны Президента Республики Таджикистан, утверждал их премии и имел решающий голос в случае ограниченности голосов в Правлении.

☐ Конфликт интересов между ролью Председателя и личными финансовыми интересами в хлопковом секторе: г-н Алимардон был ответственным за утверждение заявлений на получение финансирования от ЗАО «Кредит-Инвест» и хлопковых инвесторов и, в качестве меры по обеспечению контроля, должен был быть независим от тех лиц, которые получали финансирование в результате его одобрения. Есть доказательства, которые указывают, что в данном отношении существовал конфликт интересов:

a. Брат и отец г-на Алимардона являются совладельцами хлопкового инвестора под названием ЗАО «Баракат», который имел ссудную задолженность перед ЗАО «Кредит-Инвест» в сумме 12,5 миллионов долларов США по состоянию на 31 августа 2008 года.

b. Г-н Алимардон в некоторых случаях лично вел переговоры с

учреждениями от имени ЗАО «Кредит-Инвест» относительно гарантий. ЗАО «Кредит-Инвест» затем должен был представить запрос на предоставление гарантии Национальному Банку Таджикистана, однако, принимая во внимание предыдущее участие г-на Алимардона, он не был в состоянии обеспечить объективное рассмотрение данного запроса на стадии одобрения. Г-н Алимардон объяснил свою роль в обсуждении данных гарантий, когда мы спросили о гарантии в сумме 5 миллионов долларов США Казахскому Банку Развития, где заявление от ЗАО «Кредит-Инвест», одобрение г-ном Алимардоном и договор о предоставлении гарантии все датированы 28 ноября 2007 года. Принимая во внимание роль г-на Алимардона в процессе обсуждения гарантии, последующее «одобрение» заявления со стороны ЗАО «Кредит-Инвест» было простой формальностью как это отражено на датах соответствующих документов.

с. Один из основных хлопковых инвесторов – это частная компания под названием Корпорация «ХИМА», которая также является одним из меньшинства акционеров в ЗАО «Кредит-Инвест». Во время собеседований было выяснено, что владельцами Корпорации «ХИМА» в действительности являются настоящий Председатель Корпорации г-н Исматулло Хаеев и г-н Алимардон и что само название ХИМА расшифровывается как «Хаеев Исмат Муродали Алимардон». Мы поставили данный вопрос перед г-ном Алимардон. Он опроверг данное утверждение, что он являлся совладельцем или осуществлял контроль за деятельностью Корпорации «ХИМА», и заявил, что он в курсе этих широко распространенных слухов, и считает, что они могут быть основаны на том, что между двумя семьями были дружеские отношения, так как отец г-на Хаеева был его преподавателем в Университете, и он регулярно наносил визиты в Корпорацию «ХИМА» для того, чтобы предоставить руководству «совет и помощь».

2.33. Исходя из нашей работы в данном направлении, в процессе сбора информации для представления в МВФ не хватало достаточных мер контроля. Однако, ввиду доминирующего положения Председателя, чьи инструкции выполнялись работниками банка без всяких обсуждений, очень маловероятно, что дополнительные меры по контролю предотвратили бы скрытие информации.

Финансирование ЗАО «Кредит-Инвест» со стороны НБТ и иностранных кредиторов

2.67. В период с 19 января 2004 года по 31 августа 2008 года НБТ предоставил:

□ 2,9 млрд сомони (856,4 млн долл. США) ссуды, выданные ЗАО «Кредит-Инвест». ЗАО «Кредит-Инвест» имеет задолженность перед НБТ в сумме 1 миллиард сомони (295,3 млн долл. США) на 31 августа 2008 года. ЗАО «Кредит-Инвест» с самого начала выделил 362,8 млн сомони (106,7 млн долл. США) из ссуд для хлопкового сектора, поэтому это представляет чистое дополнительное финансирование в течение данного периода в сумме 803 млн сомони (235,1 млн долл. США), включая проценты.

□ Из общей суммы финансирования, предоставленной ЗАО «Кредит-Инвест» Национальным банком Таджикистана, 70% была выдана в национальной валюте и оставшаяся часть в долларах США. Средства в национальной валюте составили чуть больше 2 миллиардов сомони (602,6 млн дол США).

□ 55% финансирования НБТ в национальной валюте было предоставлено в 2007 году.

□ 20% общего финансирования в национальной валюте было в наличной форме с хранилищ НБТ в г. Душанбе и отделения в г. Курган-Тюбе.

□ Гарантии и залоговые обеспечения под кредитные линии, выделяемые ЗАО «Кредит-Инвест» (на основе которых иностранные кредиторы предоставили ссуды ЗАО «Кредит-Инвест» в сумме 564,4 млн долл. США) из которых 263,2 млн долл. США осталось непогашенным на 31 августа 2008 года.

2.68. С 31 августа 2008 года, НБТ погасил ссуды, полученные от иностранных кредиторов в сумме 218,2 млн долл. США за ЗАО «Кредит-Инвест», что привело общую сумму ссудной задолженности ЗАО «Кредит-Инвест» до 560 млн долл. США.

Финансирование хлопковых инвесторов со стороны ЗАО «Кредит-Инвест»

2.69. Огромное количество финансирования со стороны ЗАО «Кредит-Инвест» было предоставлено ограниченному числу хлопковых инвесторов. Известно, что эти крупные инвесторы погасили меньшую часть своей задолженности по сравнению с другими инвесторами хлопка.

2.70. Двенадцать крупных инвесторов хлопка (те, которые имели задолженность перед ЗАО «Кредит-Инвест» свыше 5 миллионов долларов США на 1 октября 2006 года) имели задолженность перед ОАО «Агроинвестбанк» в сумме 200 млн долл. США по состоянию на январь 2004 года и данный остаток задолженности был передан ЗАО «Кредит-Инвест» по учреждении данного общества. В последующем они получили в кредит еще 448,5 млн долл. США от ЗАО «Кредит-Инвест» и имеют соответствующую задолженность в сумме 497,2 млн долл. США перед ЗАО «Кредит-Инвест» на 31 августа 2008 года.

2.71. За период с 19 января 2004 года по 31 августа 2008 года, эти двенадцать крупных хлопковых инвесторов получили 80% всего финансирования, выделенного ЗАО «Креди т-Инвест».

2.72. По состоянию на 31 августа 2008 года, четыре крупнейших хлопковых инвестора (все они являются меньшинством акционеров в ЗАО «Кредит-Инвест»), а именно, Корпорация «ХИМА», ОАО «Тамер ИНБ», ЗАО «Олими Каримзод» и ЗАО «Худжанд-Инвест-Коттон», имели 71% или 1,4 миллиарда сомони (416 млн долл. США) от общей задолженности по ссудам в сумме около 2 миллиардов сомони (584,1 млн долл. США), до создания резервов по безнадежным долгам и включая начисленные проценты.

2.73. В общем, 24% долгов (включая остатки средств от ОАО «Агроинвестбанк» и начисленные проценты, включенные в счета) были погашены основными инвесторами хлопка по состоянию на 31 августа 2008 года.

2.74. По четырем основным хлопковым инвесторам, Корпорации

«ХИМА», ОАО «Тамер ИНБ», ЗАО «Олими Каримзод» и ЗАО «Худжанд-Инвест-Коттон», проценты погашения составляют 15%, 12%, 29% и 22% соответственно. Это в значительной степени ниже, чем процент погашения других заемщиков вместе взятых, что составляет более 41% за период с января 2004 по август 2008 года.

2.75. ЗАО «Кредит-Инвест» также предоставил гарантии по кредитным линиям учреждений в пользу хлопковых инвесторов на общую сумму 81,8 млн сомони (23,9 млн долл. США) в период с февраля 2005 по январь 2008 года. Как мы знаем, ЗАО «Кредит-Инвест» не взимал комиссию за предоставление данных гарантий хлопковым инвесторам.

Отсутствие доказательств относительно целей и использования ссуд, предоставленных ЗАО «Кредит-Инвест» хлопковым инвесторам

2.76. В ЗАО «Кредит-Инвест» находится очень мало документальных доказательств того, что общество осуществляет оценку «обоснованности» использования средств хлопковыми инвесторами, или доказательство, что средства были израсходованы в целях, для которых они были выданы. ЗАО «Кредит-Инвест» придерживается мнения, что данный уровень контроля не входит в их круг ответственности. В нашем образце выбранных платежей, только 13% (в стоимостном выражении) имели хоть какие-нибудь подтверждающие документы, такие как контракты или счета-фактуры, представленные хлопковыми инвесторами в поддержку своего заявления.

2.77. Г-н Алимардон объяснил причину скрытия ссуд, предоставленных ЗАО «Кредит-Инвест», от МВФ тем, что это было необходимо для обеспечения продолжительного финансирования компаний хлопковых инвесторов, так как они поддерживали хлопковую промышленность страны. Во время нашего тестирования, мы выявили ссуды, выданные физическим лицам для покупки активов и деятельности, не связанной с хлопковым сектором, например, личные ссуды следующим физическим лицам:

Факты, свидетельствующие о том, что средства ЗАО «Кредит-Инвест» были инвестированы в дочерние предприятия хлопковых инвесторов и соответствующие доходы не раскрыты с целью использования в счет погашения ссуд ЗАО «Кредит-Инвест»

2.96. Некоторые хлопковые инвесторы имеют дочерние предприятия, такие как текстильные фабрики и деятельность, которая не связана с хлопковой деятельностью, например производство молока, мяса и виноградников. Нам не было предоставлено достаточно информации, чтобы включить в отчет операции между родительскими компаниями хлопковых инвесторов и дочерними предприятиями, и их влияние на нехватку средств на уровне родительской компании с целью погашения ссуд, полученных от ЗАО «Кредит-Инвест». На основе информации тех инвесторов, которые предоставили нам графики расходов за 2007 год, некоторые ссуды, предоставленные ЗАО «Кредит-Инвест» очевидно были инвестированы в дочерние предприятия хлопковых инвесторов. Мы привели несколько примеров, чтобы проиллюстрировать нижеследующую точку зрения:

☐ Корпорация «ХИМА» имеет дочерние предприятия, которые в свою очередь владеют хлопкоочистительными заводами, фабриками и зданиями. График расходов за 2007 год, предоставленный нам Корпорацией «ХИМА» показывает капиталовложения в сумме 9,1 млн долларов США в дочерние предприятия. Соответствующие финансовые отчеты за 2007 год, предоставленные нам, не являются консолидированными и Председатель Корпорации «ХИМА» подтвердил, что не было выплачено дивидендов со стороны дочерних предприятий своей родительской компании.

☐ ЗАО «Олими Каримзод» имеет 10 дочерних предприятий, которые занимаются деятельностью в хлопковом секторе и еще три предприятия (гостиница, строительная компания и носочная фабрика), которые еще не зарегистрированы. Председатель ЗАО «Олими Каримзод», г-н Джамшед Абдулов заявил, что все его дочерние предприятия являются прибыльными, с годовой прибылью после налогообложения приблизительно в 2,5 млн долларов США. Нам не были предоставлены финансовые отчеты данных дочерних предприятий и г-н Абдулов заявляет, что никакая часть финансирования ЗАО "Кредит-Инвест" не была предоставлена дочерним предприятиям и вся прибыль была реинвестирована в эти дочерние предприятия. Мы не смогли проверить достоверность данных утверждений.

☐ Дочерние предприятия ЗАО «Худжанд-Инвест-Коттон» ("ХИК"), которые владеют прядильными фабриками. График расходов за 2007 год, представленный нам со стороны "ХИК" показывает капиталовложения в сумме 9,1 млн долларов США, осуществленные в 2007 году в дочерние предприятия. Предоставленные нам финансовые отчеты неконсолидированы и Главный бухгалтер "ХИК" подтвердил, что дочерними предприятиями не были выплачены дивиденды своей родительской компании.

Некоторые поставщики материалов хлопковым инвесторам имеют необычную корпоративную структуру.

2.97. Мы проверили корпоративную структуру основных поставщиков материалов, используемых всеми инвесторами, общий обзор которого мы привели в Приложении 5. Следует отметить, что многие из них являются оффшорными компаниями и некоторые из них имеют необычную структуру, например:

☐ Intercorp, поставщик удобрений Корпорации "ХИМА" и ОАО «Тамер ИНБ»: Управляемая двумя директорами таджикской национальности, базированными в г. Москве, владельцами которой являются две компании, зарегистрированные в Панаме, также зарегистрировали свой офис в Лондоне и осуществляют поставку через узбекского агента. Руководство ОАО «Тамер ИНБ» проинформировало нас, что данная структура была предусмотрена с целью обхождения постановления Узбекского правительства об установлении квоты на экспорт.

☐ Esden Allianz, поставщик удобрений ЗАО «Худжанд-Инвест-Коттон» в 2005 году, основное место деятельности которого находится в Женеве, Швейцарии. Его агент базирован в Салеме, штате Орегон, США и функционирует используя счет в банке Латвии.

Наша оценка модели финансирования хлопкового сектора

2.98. Настоящая модель не представляет солидную основу для финансирования хлопкового сектора, как это было продемонстрировано сокрытием информации от МВФ и соответствующими вопросами, поднятыми в данном отчете. Хлопковые инвесторы, будучи частными организациями, имели неограниченный доступ к капиталу, финансируемому со стороны без какой-либо отчетности и мониторинга за использованием выделенных средств.

Список использованных источников и литературы

Нормативно-правовые акты и источники

1. Конституция Российской Федерации. М., 2009.

2. Конституция Республики Таджикистан от 6 ноября 1994 года. [Электронный ресурс] URL: http://worldconstitutions.ru/archives/125 (дата обращения: 08.02.2013)

3. Постановление Правительства Республики Таджикистан от 1 октября 2009 года №529 "Об утверждении Концепции государственной политики Республики Таджикистан в области телевидения и радиовещания на 2010 – 2025 годы", // WEB-версия – Законодательство стран СНГ, [Электронный ресурс] URL: http://base.spinform.ru/ (дата обращения: 08.05.2013)

4. Постановление Правительства Республики Таджикистан от 2 июля 2013 года №291 "О подготовке и проведении восьмого Форума Ассоциации таджиков и персоязычных народов мира "Пайванд" // WEB-версия – Законодательство стран СНГ, [Электронный ресурс] URL: http://base.spinform.ru/ (дата обращения: 12.05.2013)

5. Закон Республики Таджикистан от 26 марта 2009 года №489 "О свободе совести и религиозных объединениях" // WEB-версия – Законодательство стран СНГ, [Электронный ресурс] URL: http://base.spinform.ru/ (дата обращения: 12.09.2013)

6. Закон Республики Таджикистан от 18 июня 2008 года №411 "О праве на доступ к информации" // WEB-версия – Законодательство стран СНГ, [Электронный ресурс] URL: http://base.spinform.ru/ (дата обращения: 22.09.2013)

7. Указ Президента Республики Таджикистан от 30 апреля 2008 года №451 "О Концепции государственной информационной политики Республики Таджикистан" // WEB-версия – Законодательство стран СНГ, [Электронный

ресурс] URL: http://base.spinform.ru/ (дата обращения: 22.09.2013)

8. Постановление Правительства Республики Таджикистан от 5 марта 2008 года №116 "Об упорядочении использования фонограммы" // WEB-версия – Законодательство стран СНГ, [Электронный ресурс] URL: http://base.spinform.ru/ (дата обращения: 29.08.2013)

9. Постановление Правительства Республики Таджикистан от 30 декабря 2007 года №648 "Об утверждении Программы переработки и производства готовой продукции из первичного алюминия на 2007-2015 годы" // WEB-версия – Законодательство стран СНГ, [Электронный ресурс] URL: http://base.spinform.ru/ (дата обращения: 08.01.2013)

10. Закон Республики Таджикистан от 8 июня 2007 года №272 "Об упорядочении традиций, торжеств и обрядов в Республике Таджикистан" // WEB-версия – Законодательство стран СНГ, [Электронный ресурс] URL: http://base.spinform.ru/ (дата обращения: 08.05.2012)

11. Закон Республики Таджикистан от 22 июля 2013 года №1004 "Об образовании" // WEB-версия – Законодательство стран СНГ, [Электронный ресурс] URL: http://base.spinform.ru/ (дата обращения: 02.09.2013)

12. Закон Республики Таджикистан от 5 октября 2009 года №553 "О государственном языке Республики Таджикистан" // WEB-версия – Законодательство стран СНГ, [Электронный ресурс] URL: http://base.spinform.ru/ (дата обращения: 09.05.2013)

13. Закон Республики Таджикистан от 12 мая 2007 года №254 "О государственных символах Республики Таджикистан" // WEB-версия – Законодательство стран СНГ, [Электронный ресурс] URL: http://base.spinform.ru/ (дата обращения: 10.05.2013)

14. Конституционный Закон Республики Таджикистан от 21 июля 1994 года "О выборах Президента Республики Таджикистан" // WEB-версия – Законодательство стран СНГ, [Электронный

ресурс] URL: http://base.spinform.ru/ (дата обращения: 11.02.2013)

15. Закон Республики Таджикистан от 2 августа 2011 года №762 "Об ответственности родителей за обучение и воспитание детей" // WEB-версия – Законодательство стран СНГ, [Электронный ресурс] URL: http://base.spinform.ru/ (дата обращения: 18.05.2012)

16. Постановление Правительства Республики Таджикистан от 2 июля 2013 года №288 "О Национальной целевой научно-исследовательской концепции по вопросам развития человека, дальнейшего обеспечения демократических принципов и развития гражданского общества на 2013-2028 годы" // WEB-версия – Законодательство стран СНГ, [Электронный ресурс] URL: http://base.spinform.ru/ (дата обращения: 09.07.2013)

17. Указ Президента Республики Таджикистан от 30 августа 2013 года №1504 "О Стратегии по противодействию коррупции в Республике Таджикистан на 2013-2020 годы" // WEB-версия – Законодательство стран СНГ, [Электронный ресурс] URL: http://base.spinform.ru/ (дата обращения: 08.10.2013)

18. Постановление Правительства Республики Таджикистан от 30 августа 2011 года №408 "Об Основных направлениях подготовки программ телевидения и радио на 2011 – 2014 годы" // WEB-версия – Законодательство стран СНГ, [Электронный ресурс] URL: http://base.spinform.ru/ (дата обращения: 03.10.2013)

19. Постановление Правительства Республики Таджикистан от 3 июня 2006 года №228 "Об утверждении Национальной концепции молодежной политики в Республике Таджикистан" // WEB-версия – Законодательство стран СНГ, [Электронный ресурс] URL: http://base.spinform.ru/ (дата обращения: 22.09.2013)

20. Постановление Правительства Республики Таджикистан от 3 марта 2006 года №94 "Об утверждении Национальной концепции воспитания в Республике Таджикистан" // WEB-версия – Законодательство стран

СНГ, [Электронный ресурс] URL: http://base.spinform.ru/ (дата обращения: 04.05.2013)

Монографии, статьи в периодических изданиях

21. Акимбеков С.И. Российская политика в Центральной Азии: состояние и перспективы// Pro et Contra. -Том 5,№ 3. 2000.- 75-88 с.

22. Арутюнов С.А. Народы и культуры: Развитие и взаимодействие. -М. 1989.

23. Арутюнов С.А. Народы и культуры: Развитие и взаимодействие,- М., 1989.

24. Белокреницкий В.Р. Межгосударственные конфликты и региональная безопасность в Южной Азии// Восток/Запад: Региональные подсистемы и региональные проблемы международных отношений. -М.: РОССПЭН, 2002. -407-414с.

25. Боришполец К. Центральная Азия как региональная подсистема международных отношений// Восток/Запад: Региональные подсистемы и региональные проблемы международных отношений. – М.: РОССПЭН, 2002. -184-212 с

26. Братерский М.В. Политика США в Средней Азии: итоги десятилетия // США   -

Канада. – М, 2002. – № 9.

27. Буриев И. Б. Становление и развитие институтов государственности на территории Таджикистана (досоветский период), Автореферат, – М., 2009.

28. Все в Баку-Джейхан // Ведомости, – Б.м, 2004.

29. Гаджиев К.С, Геополитика Кавказа, – М., 2003.

30. Гафуров Б.Г. ТАДЖИКИ. Древнейшая, древняя и средневековая история.- М..1967.

31. Грачев М.Н., Мадатов А.С. Демократия: методология исследования, анализ перспектив М.: Изд-во «АЛКИГАММА», 2004. с 128.

32. Гумпель В. На стыке Европы и Азии: посредническая роль Турции как региональной власти. // Мегп.., – Бонн, -М.-1998.- №1.

33. Джононов С.А. Формирование национального самосознания в условиях государственного строительства Таджикистана: Автореферат,- Душанбе, 2010

34. Дронов В.В. Международное содействие становлению политической системы независимого Таджикистана: Автореферат,- М.,2011

35. Дружиловский С.Б. Эволюция концепции безопасности на Среднем Востоке (Иран, Афганистан, Турция)// Восток/Запад: Региональные подсистемы и региональные проблемы международных отношений. -М.: РОССПЭН, 2002.-407-414 с.

36. Звягельская И. Таджикистан как зеркало «исламской революции»// Pro et Contra. Том 5. № 3.-Б.м. 2000. -48-62 с.

37. Звягельская И., Наумкин В. Угрозы, вызовы и риски «нетрадиционного» ряда (Центральная Азия)// Восток/Запад: Региональные подсистемы и региональные проблемы международных отношений. – М.: РОССПЭН, 2002. -429-450 с.

38. Каршибоев Н.Применение СМИ в светском государстве, «СМИ и право». – 2012-№73(84).

39. Киреев Н.Г., Турция: поиски национальной стратегии евразийского сотрудничества // Россия и мусульманский мир, – Б.м.. -2002- №7.- С. 120 – 135.

40. Коновалов И.Н., Политические элиты // Политология для юристов: Курс лекций; Под ред. Н.И. Мазутова и А.В. Малько. -М. -1999. с 261.

41. Конопляник А.А., Каспийская нефть: новый взгляд на проблему баланса интересов // Нефть, газ, строительство. № 4 апрель 2001, № 6 март 2002.

42. Кортунов С.В. Имперские амбиции и национальные интересы.//Новые измерения внешней политики России. – М.: МОНФ, 1998.

43. Котб С. Маалим фи ат-тарик. Каир, 1961. С. 120-121

44. Коэн Ариель, США, страны Центральной Азии и Кавказа: проблемы и перспективы взаимоотношений // Центральная Азия и Кавказ №2 (8) 2000

45. Куртов А., Турция и тюркоязычные государства Центральной Азии: любовь по расчету? // Россия и Турция на пороге XXI века: на пути в Европу или в Евразию?: Научные доклады, Московский центр Карнеги, , Вып.14, -М., 1997.

46. Лежиков А. Указ. Соч. ,-М., 146-147 с

47. Леонов Н., Военный кулак США в подбрюшье России.//Российская Федерация сегодня. 2007. N21(5)

48. Ломагин Н. Новые независимые государства как сфера интересов России и США// Pro et Contra. -Том 5.- № 2.- 2000.

49. Луговая А. Политический кризис в Таджикистане был неизбежен // Таджикистан в огне. Душанбе: Ирфон, 1994. С. 169.

50. Лузянин С. Китай, Россия и Центральная Азия: разграничение региональных интересов// Китай в мировой политике. – М.: РОССПЭН, 2001.-311-335 с.

51. Лузянин С.Г. Восточная политика Владимира Путина// Возвращение России на "Большой Восток" (2004-2008 гг.), – М.,-2009. 123 С.

52. Макиавелли Н., Государь: Рассуждения о первой декаде Тита Ливия. Азбука. 2012 Зимичев А.М. Психология политической борьбы. – СПб., - 1993.- С.55

53. Малашенко А. Постсоветские государства Юга и интересы Москвы// Pro et Contra. -2000.-Том 5. – № 3.

54. Маликова А.Х. Проблемы формирования социального государства в Таджикистане: Автореферат,- М., 2012.

55. Малышева Д. Конфликты у южных рубежей России// Pro et Contra. -2000. - Том 5. -№ 3.

56. Малышева Д., Турция и Иран в борьбе за сферы влияния в Закавказье // Россия и мусульманский мир. -2000.- № 1 (91). – С. 53 – 58

57. Манилов В.Л. Безопасность в эпоху партнерства. М., ТЕРРА, 1999. Глава 1.- 12-29 с.

58. Мейер М.С., Россия и Турция на исходе XX века // Россия и Турция на пороге XXI века: на пути в Европу или в Евразию?// Научные доклады, Московский центр Карнеги-1997.- Вып.14.- М.

59. Мотыль А.А. «Восстанут ли нерусские? Государство, этничность и стабильность в СССР»,- США, 1987.

60. Мусульманские страны у границ СНГ (Афганистан, Пакистан, Иран и Турция – современное состояние, история и перспективы), -М., 2001.

61. Надеин-Раевский В. Турция, Россия и тюркоязычные народы после распада СССР. // Мировая экономика и международные отношения.-1994.-№ 4.

62. Ноурузи Нурмухаммад Встреча Ирана и Турции в Средней Азии и на Кавказе. // Россия и мусульманский мир.-2001.- №1 (103).- С. 76 – 89

63. Олкотт М. Двенадцать мифов о Центральной Азии: (возвращаясь к написанному). -М.: Московский Центр Карнеги- 2001.

64.   Олкотт М., Двенадцать мифов о Центральной Азии, Московский Центр Карнеги, 2001.

65. Панарин А. Стратегическая нестабильность в XXI веке, -М., 2003

66. Пойдет ли Центральная Азия по «турецкому пути»? // Немецкая волна.- 2003.

67. Поцхверия Б.М. От ислама к модернизму. 80-летие республики Турция отмечает в качестве «мусульманской демократии». // Независимая газета, 2003.

68. Пугачев В.П., Соловьев А.И., Введение в политологию. -М.2007 с 24-27.

69. Райс К. Во имя национальных интересов// Pro et Contra. -2000.- Том 5.- № 2.

70. Рахнамо Х.А. Практические проблемы становления светского государства в мусульманском обществе: опыт Таджикистана. 05.08.2009.

71. Резникова О. Россия, Турция и Иран в Центральной Азии // Мировая экономика и международные отношения.-1997.- №1.

72. Руссо А. Нетрадиционные угрозы безопасности России и Евразии. -М.: Московский Центр Карнеги. -1999.

73. Саймудинов Ш. Вопросы становления и развития государственности, Академия МВД Республики Таджикистан, 2002.

74. Саралаев У.К. Международное общение как фактор укрепления сотрудничества независимых государств Средней Азии (на примере Кыргызстана и Узбекистана) //Автореферат. дис. к. н., Ташкент, 1999.

75. Стар Ф.,В защиту «Большой Центральной Азии.//Экономические стратегии -Центральная Азия,2008. №4

76. Султанов А.Ш. Концепция Нового Среднего Востока сквозь призму национальных интересов Республики Таджикистан. //Проблема безопасности государств Среднего Востока в условиях мирового кризиса. – Материалы международной научной конференции: Душанбе. РТСУ.2009. 0,4 п.л.

77. Султанов А.Ш. Новое мировоззрение: выбор пути и тенденции развития. Анкара, Издательство «Bulusma Noktamiz». 2010. 5,9.п.л.

78. Султанов А.Ш. Особенности многовекторности во внешней политике центральноазиатских государств // Многовекторность внешней политики государств Центральной Азии и ее перспективы – Материалы к научной конференции, Душанбе. Фонд Фридриха Эберта. 2009. 0,3 п.л.

79. Султанов А.Ш. Развитие общественного самоуправления в дореволюционном Таджикистане. // Этносоциум и межнациональная культура. 2013. № 3.0,45 п.л

80. Султанов А.Ш. Реалии современных международных отношений.// Методический материал к курсу лекций// Душанбе, Российско-Таджикский Славянский Университет (РТСУ). 2009. 1,2 п.л.

81. Узбекистан: обретение нового облика, в 2х томах, – М., 1998.

82. Узбекистан: этнополитическая панорама, – М., 1994.

83. Ульченко Н.Ю. Роль экспорта и импорта энергосырья в обеспечении стратегической безопасности России и Турции // Ближний Восток: проблемы региональной безопасности, – М., 2000.

84.Фрейд З. Психоанализ. Религия. Культура. М., -1992. Стр.108-109.А.А. Анарбаев. История Узбекистана в археологических и письменных источниках, Ташкент: Поклонник, 2005.

85.Фридман Л.А. Очерки Экономического и социального развития стран Центральной Азии после распада СССР, – М., 2001.

86.Хайям О., Рубаи, Анима, 2008. с 57-58

87.Хакимов Ш.К. Конституционализм в Таджикистане: историко-культурные основы, специфика становления и эволюции: Автореферат,- М., 2012.

88.Чебоксаров Н.Н., Чебоксарова И.А. Народы, расы, культуры. – М., 1985.

89.Чжао Хуашен ШОС и соотношения великих держав на фоне новой ситуации в регионе ЦА // 1/2003.

90.Чиналиев В.У. Внешнеэкономические связи Кыргызстана, – М., 2000.

91.Широкогоров С.М., Этнос. Шанхай. -1923. – 15-16 С.

92.Шишков Ю. Россия и СНГ: неудавшийся брак по расчету// Pro et Contra. 2001.- Том 6.- № 1-2.

Иностранные источники и литература:

93.Abashin, Sergei. (2006). The logic of Islamic practice: a religious conflict in Central Asia, Central Asian Survey, Vol. 25, No. 3.p77-123.

94.Abdullaev, Kamoludin,Shahram Akbarzadeh (2010). Historical dictionary of Tajikistan. Lanham: MD: Scarecrow Press. p57-79.

95.Aini K. S.,Y. S. Maltsev. (1988). Oriental studies in Tajikistan. Iranian Studies. 21 (1&2), p34-45.

96.Akcali, Pinar. (1998). Islam and Ethnicity in Central Asia: The Case of the Islamic Renaissance Party, Mediterranean Quarterly, Winter. P33-59.

97.Akhmedov, S. (1998). 'Tajikistan II: The Regional Conflict in Confessional and International Context, in Conflicting Loyalties and the State in Post-Soviet Russia and Eurasia, edited by M. Waller, B. Coppieters and A. Malashenko. London: Frank Cass.

98. Akiner, Shirin and Catharine Barnes. (2001). The Tajik Civil War: Causes and Dynamics// in Politics of Compromise: The Tajikistan Peace Process, edited by Kamoludin Abdullaev and Catharine Barnes (editors). London: Conciliation Resources.

99. Akiner, Shirin. (2001). Tajikistan: Disintegration or Reconciliation? London: RIIA.

100.   Amnesty International. (1993). Tadzhikistan: compilation document. New York, N.Y.

101.   Anderson, John. (1997). Islam, ethnicity and regional conflict: the case of Tajikistan// in The International Politics of Central Asia. Manchester: Manchester University Press.

102.   Arabov, Oumar. (2004). A note on Sufism in Tajikistan: what does it look like?, Central Asian Survey, Vol. 23, No. 3-4.p22-45.

103.   Atai Farhad. (2012). Soviet Cultural Legacy in Tajikistan. Iranian Studies. 45 (1), p25-59.

104.   Atkin, Muriel (1994). Tajiks and the Persian World. Oxford: Westview Press. p78-125.

105.   Atkin, Muriel. (1993). Tajik national identity'. Iranian Studies. 26 (1), p44-54.

106.   Atkin, Muriel. (1989). The Subtlest Battle: Islam in Soviet Tajikistan. Philadelphia: Foreign Policy. P99-187.

107.   Atkin, Muriel. (1989). The Survival of Islam in Soviet Tajikistan, The Middle East Journal, Vol. 43, No. 4. p90-144.

108.   Atkin, Muriel. (1994). The Politics of Polarization in Tajikistan//in Central Asia: Its Strategic Importance and Future Prospects, edited by Hafeez Malik. New York: St. Martin's Press.

109.   Atkin, Muriel. (1995). Islam as Faith Politics and Bogeyman in Tajikistan, The Politics of Religion in Russia and the New States of Eurasia, edited by Michael Bourdeaux. London/New York: M.E. Sharpe.p 120-234.

110.   Atkin, Muriel. (1997). Tajikistan: reform, reaction, and civil war //in New States, New Politics: Building the Post-Soviet Nations, edited by I. Bremer and R. Taras. Cambridge: Cambridge University Press.

111.   Auten, Brian. (1996). Tajikistan Today, Studies in Conflict & Terrorism, Vol. 19.p55-89.

112.   Ayoob M. The Third World Security Predicament: State Making, regional Conflict, and the International System. London: Lynne Rienner Publishers, 1995. Chapter 1. P. 1-20.

113.   Azamat Sultanov. Boat trip. (на англ. языке). Лондон, Издательство «CreateSpace», 2011, 7,1 п.л.

114.   Baev, Pavel K. (2007). Defining Civil War by Examining Post-Soviet Conflicts, Terrorism and Political Violence, Vol. 19, No. 2.p33-78.

115.   Beeman, William O. (1999). Struggle for Identity in Post-Soviet Tajikistan. Middle East Review of International Affairs. 3 (4), p48-84.

116.   Bekhradnia Shahin. (1994). The Tajik case for a Zoroastrian identity. Religion, State and Society. 22 (1), p77-93.

117.   Bergne, Paul (2007). The Birth of Tajikistan: National Identity and the Origins of the Republic.. London/New Yourk: I. B. Tauris. p89-130.

118.   Blakkisrud, Helge,Shahnoza Nozimova. (2010). History writing and nation building in postindependence Tajikistan. Nationalities Papers. 38 (2), p88-95.

119.   Bleuer, Christian. (2007). Uzbeks Versus the Center: Mobilization as an Ethnic Minority in the Tajikistan and Afghanistan Civil Wars. MA, Indiana University. PDF.p55-89.

120.   Bleuer, Christian. (2012). State-Building, Migration and Economic Development on the Frontiers of Northern Afghanistan and Southern Tajikistan. Journal of Eurasian Studies. 3 (1), p23-31.

121.   Blitt, Robert C. and W. Cole Durham. (2008). Analysis of the Republic of Tajikistan's Draft Law // About Freedom of Conscience and Religious Unions,

The University of Tennessee College of Law, Legal Studies Research Paper Series, No. 26. p112-143.

122.   Bosworth, C.E., B.G. Fragner. (2009). Tadjik. In: P. Bearman Encyclopaedia of Islam. 2nd ed. Netherlands: Brill. p120-134.

123.   Brown, Bess. (1992). Whither Tajikistan, RFE/RL Research Report, Vol. 1, No. 24.

124.   Brown, Bess. (1997). The Civil War in Tajikistan, 1992-1993//in Tajikistan: The Trials of Independence, edited by Mohammad-Reza Djalili, Frederic Grare and Shirin Akiner. New York: St. Martin's Press.

125.   Burnashev R. Regional Security in Central Asia: Military Aspects// Central Asia: A Gathering Storm? / Ed. by Boris Rumer. New York, M.E.Sharpe, 2002. P. 114-168.

126.   Bushkov V. I.. (2011). Population Migration in Tajikistan: Past and Present'. JCAS Symposium Series. 3 (9.4), p34-58.

127.   Buzan B., De Wilde J., Waever O. Security: A New Framework for Analysis. Lynne Rienner Publishers, 1997. Introduction. P. 1-20.

128.   Buzan B., Jones Ch., Little R. The Logic of Anarchy: Neorealism to Structural Realism. New York: Columbia University Press, 1993. Chapter 3. P. 29-65.

129.   Carrere d'Encausse, Helene.(1994).Civil War and New Government, in Central Asia, One Hundred and Thirty Years of Russian Dominance: A Historical Overview, edited by Edward Allworth. Durham, N.C.: Duke University Press, p99-125.

130.   Centlivres, Pierre and Micheline Centlivres-Demont (1997). Tajikistan and Afghanistan: The Ethnic Groups on Either Side of the Border. New York: St. Martin's Press. p134-257.

131.   Charles King, "Moldovan Identity and the Politics of Pan-Romanianism", in Slavic Review, Vol. 53, No. 2. (Summer, 1994), pp. 345-368

132.   Chika,Obiya. (2001). When Faizulla Khojaev Decided to Be an Uzbek. In: Stéphane Dudoignon and Komatsu Hisao Islam and Politics in Russia and Central Asia (Early Eighteenth to Late Twentieth Centuries). London/New Yourk: Kegan Paul. p124-145.

133.   De Cordier, Bruno. (2008). Islamic faith-based development organizations in former Soviet Muslim environments: The Mountain Societies Development Support Programme in the Rasht valley, Tajikistan, Central Asian Survey, Vol. 27, No. 2.10, p57-88.

134.   Di Maio, Micah and J. Abenstein. (2011). Policy Analysis: Tajikistan's Peacebuilding Efforts through Promotion of Hanafi Islam, Journal of Peacebuilding & Development, Vol. 6 No. 1. p98-157.

135.   Dodkhudoyev Nazarsho (1959). Tajikistan: Land of Sunshine. London: Soviet Booklet No. 60. p57-84.

136.   Donovan Leslie (1959). and consequences of 1970-1971 forced migration of the Yaghnobis in the Tajik SSR. MA: California State University. p77-98.

137.   Dudoignon, S. (2011). From revival to mutation: the religious personnel of Islam in Tajikistan, from de-Stalinization to independence (1955-91), Central Asian Survey, Vol. 30, No. 1.p230-258.

138.   Dudoignon, Stephane A. (2000). Role of Migrant Communities in the Politics of Central Asia: Prolegomenas for Further Comparative Studies: The Cases of Tajikistan and Tatarstan in the 1980s. JCAS Symposium Series. 9 (9), p15-29.

139.   Dudoignon, Stéphane A. and Komatsu, Hisao (2001). Islam in Politics of Russia and Central Asia (Early Eighteenth to Late Twentieth Centuries. London: Kegan Paul.

140.   Dudoignon, Stephane. (2004). Local Lore, the Transmission of Learning, and Communal Identity in Late 20th-Century Tajikistan, in Devout Societies vs. Impious States? Transmitting Islamic Learning in Russia, Central Asia and

China, through the Twentieth Century, edited by Stephane Dudoignon. Berlin: Klaus Schwarz Verlag.p230-299.

141.   Dupree, Louis. (1959). Two weeks in Soviet Tajikistan and Uzbekistan: Observations and Trends', American Universities Field Staff Reports Service. South Asia Series. 3 (4), p45-89.

142.   Epkenhans, Tim. (2009). Regulating religion in Post-Soviet Central Asia: Some remarks on Religious Association Law and 'official' Islamic institutions in Tajikistan, Security and Human Rights, No. 1.p11-39.

143.   Epkenhans, Tim. 2011. 'Defining normative Islam: some remarks on contemporary Islamic thought in Tajikistan – Hoji Akbar Turajonzoda's Sharia and society', Central Asian Survey, Vol. 30, No. 1.p175-208.

144.   Gilbert Achcar, (2004). Greater Middle East: the US plan, Le Monde diplomatique, English language edition.

145.   Goyette,Arthur Vincent (1974). Ideology and industrial development: the case of Soviet Central Asia.. Chapel Hill: PhD dissertation, University of North Carolina. p98-104.

146.   Gretsky Sergei. (1994). Profile: Qadi Akbar Turajonzoda,// Central Asia Monitor, Vol. 3, No. 1.p34-79.

147.   Hammer, Michel (1997). Perestroika as seen by some Tajik,in Tajikistan: The Trials of Independence, edited by Mohammad-Reza Djalili, Frederic Grare and Shirin Akiner. New Yourk: St. Martin's Press. p45-74.

148.   Human Rights Watch (1991). Conflict in the Soviet Union: Tadzhikistan. New Yourk: Human Rights Watch. p12-55.

149.   Iloliev Abdulmamad. (2008). Popular culture and religious metaphor: saints and shrines in Wakhan region of Tajikistan, Central Asian Survey, Volume 27, Issue 1.p12-38.

150.   Jonson L. Russia and Central Asia// Central Asian Security: The New International Context/ Ed. by Roy Allison and Lena Jonson, eds. Lena Jonson. The Brookings Institution, 2001. P. 95-126.

151.   Jonson L., Allison R. Central Asian Security: internal and external dynamics// Central Asian Security: The New International Context/ Ed. by Roy Allison and Lena Jonson, eds. Lena Jonson. The Brookings Institution, 2001. P. 1-23.

152.   Karagiannis Emmanuel. (2006). The challenge of radical Islam in Tajikistan: Hizb ut Tahrir alIslami, Nationalities Papers, Vol. 34, No. 1.p22-44.

153.   Kassymbekova, Botakoz. (2011). Humans as territory: forced resettlement and the making of Soviet Tajikistan , 1920–38. Central Asian Survey. 30 (3-4), p18-39.

154.   Kayani, Saima Ashraf. (2006). Islam and Nationalism in Tajikistan: PhD dissertation, Quaid-iAzam University. PDF. P55-87.

155.   Khalid, Adeeb. (2007). Islam after Communism: Religion and Politics in Central Asia. Berkeley: University of California Press. P57-98.

156.   Laruelle, Marlene. (2007). The Return of the Aryan Myth: Tajikistan in Search of a Secularized National Ideology. Nationalities Papers. 35 (1), p12-30.

157.   Levi, Scott C. (2007). Turk and Tajik in Central Asian History', in Everyday Life in Central Asia, edited by J. Sahadeo and R. Zanca. Bloomington: Indiana University Press.p57-100.

158.   Makhamov M. (1994). Islam and the political development of Tajikistan after 1985// in Central Asia: Strategic Importance and Future Prospects, edited by Hafeez Malik. Basingstoke: Macmillan. p22-37.

159.   Manetta, Emily. (2011). Journey into paradise: Tajik representations of Afghan Badakhshan, Central Asian Survey, Vol. 30, No. 3-4. p34-97.

160.   Marat, Erica. (2008). National Ideology and Statebuilding in Kyrgyzstan and Tajikistan, Silk Road Paper. PDF.p78-120.

161.   Markowitz, Lawrence P. (2009). How master frames mislead: the division and eclipse of nationalist movements in Uzbekistan and Tajikistan, Ethnic and Racial Studies, Vol. 32, No. 4.p78-120.

162.   Marsa, Gerald and Yochanan Altman. (1987). The cultural bases of soviet

central Asia's second economy (Uzbekistan and Tajikistan). Central Asian Survey. 5 (3-4), p58-99.

163.   Marshallsay Zaniah. (2009). The State and Islam in Kazakhstan and Tajikistan: Managing religion in a secular environment// Paper presented to the Australasian Political Studies Association Annual Conference. PDF.p78-99.

164.   Martin Keith. (1997). Regional and Religious Politics in Uzbekistan and Tajikistan: Some Preliminary Notes, Demokratizatsiya, Vol. 5, No. 3.11, p25-55.

165.   Middleton, Robert and Huw Thomas (2012). Tajikistan and the High Pamirs. Hong-Kong: Odyssey Books. p77-120.

166.   Naby E.(1978). Bobodzhon Gafurovich Gafurov, 1908-1977. Slavic Review. 37 (2), p43-53

167.   Newth, J. A. (1963). The 'Establishment' in Tajikistan II. Soviet Studies, 15(1), p23-33

168.   Niyazi Aziz (1993). The Year of Tumult: Tajikistan after February 1990', in State, Religion and Society in Central Asia: A Post Soviet Critique, edited by V. Naumkin. Reading: Ithaca Press. p79-123.

169.   Nourzhanov Kirill (1997). Politics and change in Tajikistan. Australian National University: PhD dissertation,Australian National University. p77-129.

170.   Nourzhanov Kirill. (2008). the Basmachi: warlords without ideology?. Journal of South Asia and Middle East Studies. 31 (3), p59-132.

171.   Nourzhanov, Kirill. (2001). The Politics of History in Tajikistan: Reinventing the Samanids, Harvard Asia Quarterly, Vol. 5, No. p57-93.

172.   Olimova, Saodat. (1999). Political Islam and conflict in Tajikistan, in Political Islam and Conflicts in Eurasia, Sweden: AB Publishing House. P 47.

173.   Patrick M. Morgan. University Park: Pennsylvania State University Press, 1997. P. 219-244.

174.   Payne, John. (1990). Tajikistan and the Tajiks, in The Nationalities Question in the Post-Soviet States, edited by Graham Smith. London: Longman, 2nd edition.p78-113.

175. Peimani H. Regional Security and the Future of Central Asia. Praeger,2002

176. Peimani H., Regional Security and the Future of Central Asia. Praeger, 2002

177. Penati,Beatrice. (2007). The Reconquest of East Bukhara: the struggle against the Basmachi as a prelude to Sovietization. Central Asia Survey. 27 (4), p57-108.

178. Poliakov, Sergei P. (1992) Everyday Islam: Religion and Tradition in Rural Central Asia. London: M. E. Sharpe.p55-89.

179. Rahmonov, Emomali. (2001). The Tajiks in the Mirror of History: From the Aryans to the Samanids. Guernsey, United Kingdom: London River Editions.p.20-88.

180. Rakowska-Harmstone Teresa (1970). Russia and Nationalism in Central Asia: The Case of Tadzhikistan. Baltimore. London: The Johns Hopkins Press. p59-89.

181. Ritter, William S. (1985). The Final Phase in the Liquidation of Anti-Soviet Resistance in Tadzhikistan: Ibrahim Bek and the Basmachi, 1924-31. Soviet Studies. 37 (4), p32-54.

182. Ritter, William S. (1990). Revolt in the Mountains: Fuzail Maksum and the Occupation of Garm, Spring 1929. Journal of Contemporary History. 25 (4), p98-120.

183. Roche, Sophie, Sophie Hohmann. (2011). Wedding rituals and the struggle over national identities, Central Asian Survey, Vol. 30, No. 1.p57-98

184. Roeder P. From hierarchy to hegemony: The Post-Soviet security complex//2000

185. Roeder P., From hierarchy to hegemony: The Post-Soviet security complex, 2000.

186. Rosen, Barry. (1973). An Awareness of Traditional Tajik Identity in Central Asia, in The Nationality Question in Soviet Central Asia, edited by Edward Allworth. New York: Praeger.p98-145.

187.   Rowe W. C. (2011). Geolinguistics, culture, and politics in the development and maintenance of Tajiki, Journal of Cultural Geography, Vol. 28, No. 2.8.p78-112.

188.   S. Frederick Starr. (2005). A Partnership for Central Asia, Foreign Affairs, vol. 84, no. 4. p164-178.

189.   Schoeberlein-Engel, John S. (1994). Identity in Central Asia: Construction and contention in the conceptions of "Ozbek," "Tajik," "Muslim," "Samarqandi" and other groups. PhD dissertation, Harvard University.p10-57

190.   Schulz M., Söderbaum F., Öjendal J. A framework for understanding regionalization// Regionalization in a Globalizing World.

191.   Shamsiddin Kamoliddin, (July 2005). "To the Question of the Origin of the Samanids", Transoxiana 10.

192.   Spinetti, Federico. (2005). Open Borders. Tradition and Tajik Popular Music: Questions of Aesthetics, Identity and Political Economy, Ethnomusicology Forum, Vol. 14, No. 2. p47-100.

193.   Spinetti, Federico. (2006). Music, politics and identity in post-Soviet Tajikistan. PhD, University of London. p10-45.

194.   Subtelny, Maria Eva. (1994). The Symbiosis of Turk and Tajik, in Central Asia in Historical Perspective, edited by B. F. Manz. Oxford: Westview Press. P34-78.

195.   Tajik ethnic identity, Nationalism, ethnogenesis and historiography: Abashin, Sergei. (2003). The transformation of ethnic identity in Central Asia: a case study of the Uzbeks and Tajiks. Russian Regional Perspectives Journal. 1 (2), p37-74.

196.   Terriff T., Croft S., James L., Morgan P. Security Studies Today. Cambridge: Polity Press, 1999. Chapter 1. P. 10-28.

197.   Wennberg, Franz. (2002). The Globality of Tajik Nationalisms: A Research Note, Central Asian Survey, Vol. 21, No. 4. p57-99.

198.   Xing G. China and Central Asia// Central Asian Security: The New

International Context/ Ed. by Roy Allison and Lena Jonson, eds. Lena Jonson. The Brookings Institution, 2001. P. 152-170.

199.   **Интернет-источники:**

200.   Ahmet Davutoglu. (2012). Dis Isleri Bakanhgi. [Электронный ресурс] URL: http://www.mfa.gov.tr/default.tr.mfa. (дата обращения:22 февраля 2013).

201.   Tiirkiye Cumhuriyeti Cumhurbaskanhgi. (2012). Tiirkiye Cumhuriyeti Cumhurbaskanhgi. [Электронный ресурс] URL: http://www.cankaya.gov.tr. (дата обращения: 21 февраля 2013).

202.   TIKA Baskani. (2012). Turk Isbirligi ve Kalkmma Ajansi.. [Электронный ресурс] URL: http://www.tika.gov.tr/. (дата обращения: 4 февраля 2013).

203.   TURKSOY. (2012). Turk Ktiltlir ve Sanatlan Ortak Yonetimi. [Электронный ресурс] URL http://www.turksoy.org.tr. (дата обращения 10 февраля 2013).

204.   Абашин С., Чикадзе Е., Экономические мигранты из Центральной Азии: Исследование трансформации идентичности, норм поведения и типов социальных связей// Центр независимых социологических исследований. 2008.   [Электронный   ресурс]   URL: http://www.cisr.ru/files/otchet_econom_mogranty.pdf   (дата   обращения: 21.12.2012)

205.   Ахмадали Аскаров. (2008). Арийская цивилизация: новые подходы и взгляды.   [Электронный   ресурс]   URL: http://www.centrasia.ru/newsA.php?st=1138060920.   (дата   обращения:24 декабря 2012).

206.   Ахмедов С. (2010). Конфликты в Таджикистане: причины и последствия. [Электронный ресурс] URL: http://poli.vub.ac.be/publi/etni-1/akhmedov.htm. (дата обращения: 23 ноября 2012).

207.   Ашуров К. (2012). Рахмон прибыл с официальным визитом в Турцию. В программе - участие в церемонии «Шаби Арус». [Электронный ресурс]

URL: http://www.centrasia.ru/newsA.php?st=1355553840. (дата обращения:23 декабря 2013).

208.   Ашуров К.Т. (2013). Заявление Каримова должно быть подкреплено делом. [Электронный ресурс] URL: http://news.tj/ru/news/politiki-zayavlenie-karimova-dolzhno-byt-podkrepleno-delom. (дата обращения:10 апреля 2013).

209.   Газета СНГ. (2012). Русскоязычное сетевое издание о странах СНГ и Содружестве в целом. [Электронный ресурс] URL: www.gazetasng.ru. (дата обращения: 27 февраля 2013).

210.   Гафуров Б. (2010). Более 1 тыс. таджикских студентов обучаются в Российских вузах. [Электронный ресурс] URL   : http://www.spravda.ru/news/17154.html. (дата обращения: 24 апреля 2012).

211.   Гумилев Л. (1962). Подвиг Бахрама Чубины. [Электронный ресурс] URL:http://gumilevica.kulichki.net/articles/Article101.htm. (дата обращения:23 декабря 2013).

212.   Информационно аналитический центр "Евразия". (2012). Таджикистан. [Электронный ресурс] URL: http://eurasia.org.ru. (дата обращения: 22 февраля 2013).

213.   Князев А. (2008). Так называемая «многовекторность»- это элементарная проституция. [Электронный ресурс] URL: http://www.ferganaews.com/article.php?id=5916. (дата обращения:10 августа 2012).

214.   Козин И. (2009). Турция может заблокировать кандидатуру Расмуссена на пост генсека НАТО. [Электронный ресурс] URL: http://ria.ru/world/20090328/166270189.html. (дата обращения: 23 декабря 2013).

215.   Крупнов Ю.В. (2008). Новый Средний Восток. Санкт-Петербургский центр изучения современного Ближнего Востока: [Электронный ресурс] URL: http://www.centrasia.ru/newsA.php?st=1226918880. (дата обращения: 25 января 2013).

216. Масов Р. (2006). Тюркизация арийцев: чушь или недомыслие: [Электронный ресурс] URL: http://www.centrasia.ru/newsA.php?st=1136562180. (дата обращения: 23 февраля 2013).

217. Медведев А. Г., Дж. Локк. (2007). Основоположник теоретической системы либерализмы: [Электронный ресурс] URL: http://www.km.ru/referats/106B8D4E63794C6285A018D5BD3137E1. (дата обращения: 23 февраля 2013).

218. Омаров М.Н. (2008). Многовекторность не проституция, а средства выживания Кыргызстана в современном безжалостном мире. [Электронный ресурс] URL: http://www.easttime.ru/analitic/3/4/532.html. (дата обращения: 10 августа 2012).

219. Панфилова В. (2010). Брюссельский рецепт для Душанбе. [Электронный ресурс]URL: http://www.ng.ru/cis/2010-01-19/1_dushanbe.html. (дата обращения: 28 декабря 2012).

220. Рахим Масов. (2007). Тюркизация арийцев: чушь или недомыслие. [Электронный ресурс] URL: Centrasia.ru. (дата обращения: 3 января 2013).

221. Реджеп Таййипа Эрдоган. (2012). Сайт Реджепа Таййипа Эрдогана, лидера Партии Справедливости и Развития, Премьер-министра Турции. [Электронный ресурс] URL: http://www.rterdogan.com. (дата обращения:18 февраля 2013).

222. Риа Новости. (2008). Узбекистан вышел из ЕврАзэс по его не эффективности. [Электронный ресурс] URL : http://ria.ru/politics/20081113/154962672.html.(дата обращения: 1 февраля 2013).

223. Рустамов Э. (2012). Президент Таджикистана примет участие в саммите ОЭС в Баку. [Электронный ресурс] URL: http://1news.az/politics/20121015025338292.html. (дата обращения:10 января 2013).

224. Саммит ОЭС в Тегеране. (2009). Еще одна единая валюта? [Электронный ресурс] URL :http://ria.ru/analytics/20090312/164609997.html. (дата обращения: 7 апреля 2013).

225. Турецкие газеты. (2012). Все турецкие газеты. [Электронный ресурс] URL: http://www.turkgazeteleri.com.(дата обращения 12 февраля 2013).

226. Центр социально-политических исследований. (2012). «Центральная Азия и Кавказ». [Электронный ресурс] URL: http://www.ca-c.org. (дата обращения:25 февраля 2013).

227. Центральноазиатский толстый журнал. (2012). Все о Турции. [Электронный ресурс] URL: www.turtsia.ru. (дата обращения: 28 февраля 2013).

228. Шозимов П. Р. (2008). Идентичность и процессы социальных изменений в современном Таджикистане: теория и социальная практика. [Электронный ресурс] URL: http://iph.ras.ru/uplfile/root/biblio/School_young_ph/27_Shozimov.pdf. (дата обращения: 5 декабря 2012).

Содержание

www.ingramcontent.com/pod-product-compliance
Lightning Source LLC
Chambersburg PA
CBHW081212020426
42331CB00012B/3000